神灵者的殿堂
牛津大学

王子安◎主编

汕头大学出版社

图书在版编目（CIP）数据

　　神灵者的殿堂——牛津大学 / 王子安主编. -- 汕头：汕头大学出版社，2012.4（2024.1重印）
　　ISBN 978-7-5658-0707-7

　　Ⅰ．①神… Ⅱ．①王… Ⅲ．①牛津大学－概况 Ⅳ．①G649.561.8

中国版本图书馆CIP数据核字(2012)第066404号

神灵者的殿堂——牛津大学

主　　编：	王子安
责任编辑：	胡开祥
责任技编：	黄东生
封面设计：	君阅天下
出版发行：	汕头大学出版社
	广东省汕头市汕头大学内　邮编：515063
电　　话：	0754-82904613
印　　刷：	河北浩润印刷有限公司
开　　本：	710mm×1000mm　1/16
印　　张：	11
字　　数：	80千字
版　　次：	2012年4月第1版
印　　次：	2024年1月第2次印刷
定　　价：	50.00元

ISBN 978-7-5658-0707-7

版权所有，翻版必究
如发现印装质量问题，请与承印厂联系退换

目　录

大话牛津

牛津和牛津城的传说 …………………………………… 3
首任学长与牛津共成长 ………………………………… 8
八百岁牛津魅力无限 …………………………………… 12

牛津"灵"与"肉"

默顿学院的种种往昔 …………………………………… 27
基督教堂学院的灵魂震撼 ……………………………… 36
圣约翰学院的命运 ……………………………………… 54
女子学院的铿锵玫瑰 …………………………………… 61

王者情结

英国最年轻首相的爱与恨 ……………………………… 71

铁娘子的不解之情 …………………………………… 78
美国前总统克林顿的一生情思 …………………………… 96

精英风采

纽曼的大学理念 …………………………………… 113
无声强者迷茫于此 …………………………………… 122

华人印象

汉学教授陈寅恪一再延期上任始末 …………………… 131
记忆中的国学大师——钱钟书 ………………………… 151
牛津"书虫"的平淡概念 ……………………………… 164

大话牛津

神灵者的殿堂——牛津大学

牛津和牛津城的传说

牛津城是泰晤士河谷地的主要城市，其重要性是1167年英国牛津大学在此成立。牛津确实与牛有关，传说古代牛群涉水而过，因而取名牛津。牛津向来是伦敦西行路线上的重点，早在1096年，就已有人在牛津讲学。

牛津大学

走进科学的殿堂

牛津这名字极具诗意和想象力,它的原意是"牛可以喝水过河的地方",事实上牛津本是个小渡口。传说牛津城的创始人是一位撒克逊女王,名叫费莱兹怀德。她曾祈求上帝救助她生病的丈夫,许愿建一座修道院来报答。于是在泰晤士河畔出现了一座修道院,这大约是8世纪的事。从此就在这修道院的墙外,一点点扩展成今日牛津城的规模。另一传说同样发生在8世纪,相传一个叫弗雷德斯维莎的英国公主为躲避众多的求婚者,只身逃亡到泰晤士河边,她骑着一头牛涉过河水,在对岸上修建了一座神庙来为自己的命运祈祷,于是人们把这位圣女称为牛津的保护神。

当然,关于牛津保护神的说法已经很多,但是环绕在牛津城传说中的修道院边周围的建设是一个不争的事实。今天,基督教主教堂就建立在传说中的修道院原址上,牛津也以此地为中心,不断地发展和完善起来,终于达到今天的繁荣。

泰晤士河

神灵者的殿堂——牛津大学

牛津城有其独特的地理地貌，牛津城三面都被河谷草地包围，算得上是辽阔绿野中的一座城市，牛津所代表的泰晤士河的渡口其实也被称为法兰克人的渡口。牛津的城堡承载着泰晤士河流域最初的记忆，它是牛津古老文明的象征。经过若干个世纪，牛津从一个乡下小城逐渐扩张起来，成为科茨尔德的织布和毛纺工业中心，并成立了商业行会。随着工商业的发达，亨利二世于1155年宣布允许牛津的商业行会拥有经商特权，牛津进一步开放，大量移民的涌入充实了这个城市的人口。

从整个历史来看，可以说亨利二世扩建和成就了牛津，无论是在政治经济方面，还是在文化教育方面，他都作出了很大的贡献。其中，亨利二世对牛津的建设和商业发展功不可没。但是，在他的

牛津大学

走进科学的殿堂

晚年时期，其子因争权夺地，时常叛乱。亨利二世认定自己的妻子有怂恿谋反之嫌，遂请求教皇允许他们解除夫妻关系，但未获同意。1189年，亨利二世于悲痛中在法国希农去世。

牛津大学的最初形成亦是中世纪经院哲学研究活动的结果。从11世纪开始，越来越多的教士从事经院哲学的研究并到欧洲各地讲学，这种日益频繁的学术活动使得欧洲相继形成了几个讲学的中心，如意大利的波洛尼亚和法国的巴黎，并在此基础上形成了各地教士都可以来讲学和听课的风气。1129年以后，牛津城出现了几座修道院，于是英国一些教士便把这里当作了研究学问的场所。牛津城中学术研究团体的出现，完全是一个历史的偶然。1167年英格兰国王亨利二世同法兰西国王菲利普二世发生争吵，亨利二世一气之下召回了在法国巴黎的英国学者，并且禁止他们去法国进行讲学或从事研究。这批英国学者来到了牛津，从而使牛津迅速发展成为英国经院哲学教学和研究的中心。于是，继波洛尼亚和巴黎之后，牛津成了欧洲的又一个学术中心，成为欧洲第三个学术研究中心，这实际上就是牛津大学的雏形。

牛津大学是英语国家中最古老的大学。在12世纪之前，英国是没有大学的，人们都是去法国和其他欧陆国家求学。1167年的那次争吵，一种说法是，英王一气之下，把寄读于巴黎大学的英国学者召回，禁止他们再去巴黎大学。另一说法是，法王一气之下，把英国学者从巴黎大学赶回英国。不管如何，这些学者从巴黎回国，聚集于牛津，从事经院哲学的教学与研究。于是人们开始把牛津作为一个"总学"，这实际上就是牛津大学的前身。学者们之所以会聚

神灵者的殿堂——牛津大学

集在牛津，是由于当时亨利二世把他的一个宫殿建在牛津，学者们为取得国王的保护，就来到了这里。12世纪末，牛津被称为"师生大学"。

巴黎大学

牛津大学现今是世界十大学府之一，以美丽的大学城闻名全世界，童话故事——爱丽丝梦游仙境即以此地为故事背景。在牛津处处都是优美的哥德式尖塔建筑，因此有"尖塔之城"之称。牛津大学是英国第一所国立大学，培育出无数的顶尖杰出人士。

走进科学的殿堂

首任学长与牛津共成长

牛津大学虽然在一个小城市形成,也经历了与城市当局和市民的长期斗争,甚至发生多次武装冲突。1209 年,牛津的学者们与市民再次发生冲突,一部分学者逃到剑桥,于是就建立了剑桥大学。同时,牛津大学也因此被迫停办了 5 年。此事闹得纷纷攘攘,引起了教会的抗议,

剑桥大学

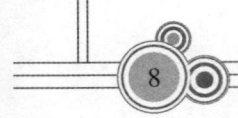

神灵者的殿堂——牛津大学

后来罗马教皇作出了一个保护学校的重要决定,即授予林肯主教或其代表对学生行使司法权,这样就产生了牛津大学的第一位学长,即牛津大学首任校长——罗伯特·格罗斯泰斯特。

格罗斯泰斯特是一位好论战的神学家,他帮助教会将科学探索又带回了天主教的主流思想中。格罗斯泰斯特约1168年生于英国的乡村,家境贫寒,但却在牛津大学法律和医学专业获得优异成绩。1221年,格罗斯泰斯特成为牛津大学的校长,1235年被任命为林肯大主教。

格罗斯泰斯特是一位敏锐的观察者,写了关于彗星、雷、落叶、彩虹、日月食和镜子的书。他为了翻译亚里士多德和其他古代作家的作品而学习了希腊语,还把光现象上升到神学至高无上的高度,使镜子不仅限于能反射物体的光滑表面。根据格罗斯泰斯特的观点,光是"第一个有形的物质"。他把《创世纪》作为出发点,说宇宙是在一个无形的真空中以一点光的形式开始的。这一点光"立即增大并向四处扩散",形成一个完美的球体,在外部边缘形成"天空",然后再反射到自身,创造出围绕地球的九大天体。格罗斯泰斯特下结论说,"因此从某种意义上说,世界万物都是你中有我、我中有你",而所有物质又都是由光构成的。

格罗斯泰斯特根据生命力量反弹的原理解释了镜子反射的定律,因此,研究"线、角度和数字"的数学科学极为重要。格罗斯泰斯特解释说,热和光的强度是由于光线的聚集,他还将光的传播和声波做了比较。因此说,尽管格罗斯泰斯特的动机和愿望是将科学和对《圣经》的诠释结合到一起,但是从某些方面看,他却非常现代,预示着爱因斯坦、宇宙大爆炸和光波理论的到来。他似乎也知道制造望远镜的原理。他写道:"当我们很好地领悟了光学这个领域时,我们就可以制作这样

走进科学的殿堂

的仪器，它可以使远处的东西看起来很近，犹如就摆放在旁边，这样我们就能在极远的距离看到最小的字母。"这一点是可以做到的，因为"穿透数层透明、带有不同特性的媒介的视觉光线聚到一起时发生了折射"。

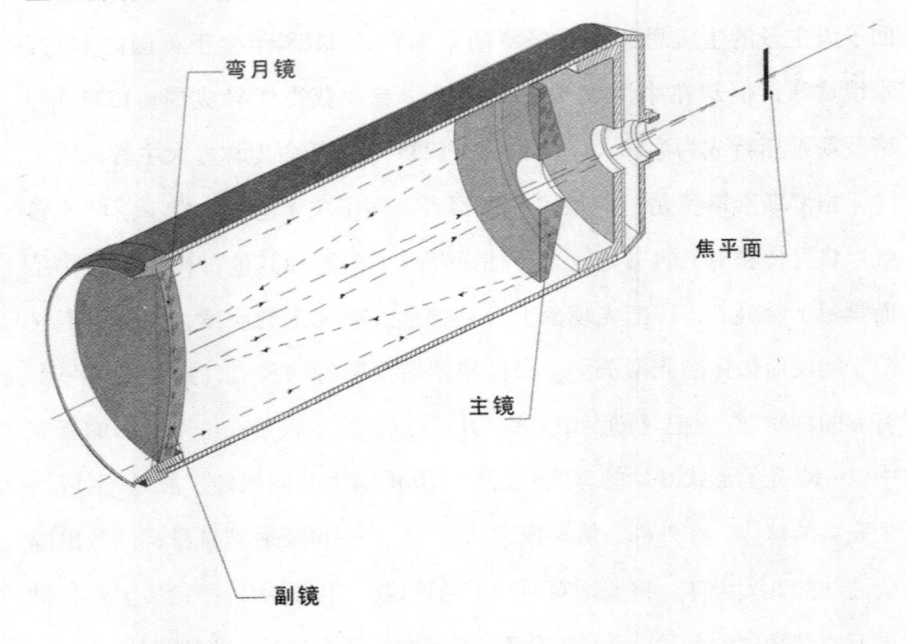

弯月镜
焦平面
主镜
副镜

望远镜的原理

格罗斯泰斯特不可能制造出望远镜，不过，他对折射光的兴趣确实使他做了些试验，比如将太阳光聚集在一个装满水的尿壶里。他也是最早尝试完全靠折射原理解释彩虹现象的人，格罗斯泰斯特最终将镜子和镜头看做宗教的比喻物。"所有被创造的事物都是镜子，都能反映出伟大的造物主"，他写道，"试想一下宇宙中最小的、最不起眼的物体——一粒灰尘，它以其完美的形式代表着整个宇宙的形象。再试想一下人的大脑在冥想着这粒灰尘，它给记忆和

智力提供了一面三位一体的镜子，将人头脑中的爱结合到一起。"

　　格罗斯泰斯特从未看过阿尔哈曾的科学作品，因此继续认为视觉是由离开眼睛的光线引起的。格罗斯泰斯特的学生罗杰·培根读过阿尔哈曾的作品，而且也很信服光线进入眼睛的理论，不过他也信奉和综合了所有古代的理论，包括眼睛发出光线的理论，这使他产生了一些扭曲的逻辑。比如，培根声称，一个物体的"种类"或者形式被镜子反射并运行到眼睛。但是，当天空被宁静的湖水反射时，他却断言，那是因为眼睛发出了自己的种类，将其弹向空中从而看见了天空。

水中倒影

　　作为首任学长，格罗斯泰斯特凭借着自己的不懈努力和自我能力的不断提高，使自己和牛津共同成长。他在自然科学领域和领导方面都具有很高的才能，并且在他的领导和管理下，新建立起来的牛津大学才得以巩固和发展。

走进科学的殿堂

大话牛津

八百岁牛津魅力无限

牛津是英国的瑰宝,是一座历史和文化名城,被冠以"英伦雅典"的称号。牛津城内,各个时期不同风格的建筑都被完好地保存下来,整个城市呈现的是一幅悠久历史和现代文明相互交融的景象。城外,除了一望无际的草原和农作物外,白墙、红瓦、尖顶、黑色木梁柱的农舍,错落点缀着。村庄旁,牛马放牧,绵羊成群。草地整片整片的,点缀着

牛津大学

神灵者的殿堂——牛津大学

稀落的高大老树,整个城市充满了神秘感。牛津大学的路不宽,只是静静地向四处延伸着。路两边那些陈旧的甚至有些斑驳的古老建筑,形形色色……你可能在不经意间错过这所沧桑的学校,可是800多年成就的辉煌是谁也抹不掉的伟绩,谁也不敢小觑它的学术地位。

牛津大学不同于其他的大学,城市与大学融为一体,街道就从校园穿过。大学不仅没有校门和围墙,而且连正式招牌也没有。楼房的尖塔在烟雨蒙蒙中若隐若现,高高的石墙上爬满老藤,稀疏的绿叶中绽放着红红的花朵,小城显得古朴素雅。牛津城的建筑古色古香,分属于不同历史年代的不同建筑流派。在牛津街道上散步,好像回到了历史之中,这风情万种的建筑,这云飞浪卷的校园,这几百年积淀的斑斓文化。英国人把牛津当做一种传统,一种象征,一种怀恋和一种追寻,在那里可以回忆起过去的美好时光,可以重温昔日的辉煌。市内有圣迈克尔教堂的萨克森人塔楼、诺曼人碉堡和城墙遗址等等,这些景观处处给人以历

牛津大学

走进科学的殿堂

史的纵深感,难怪英国有一句民谚:"穿过牛津城,犹如进入历史"。齐尔维河和爱西斯河的河滨人行道,人们可在闲暇的时间租艘平底船,在齐尔维河上消磨悠闲的午后。

牛津的学院中有许多中世纪建筑瑰宝,并且群聚在市中心周围。街两旁布满了中世纪的四合院,每个四合院就是一所学院。在当时,由于学术是教会的专利,因此学院都以修院式建筑来设计,不过四周往往围绕着美丽的庭园。尽管大多数的学院这些年来稍有变化,但是依然融合着许多原有特色。每所学院均有其辉煌的历史、神话般的建筑遗迹,可以描画出各种有趣的史实。人们初到牛津的共同印象,均会觉得每个学院都像是中国各地那些破旧的古庙,一进门就给人一种寂寞与荒凉的感觉。这是因为每个学院完全是中世纪修道院的模样,这也反映出牛津人强烈的思古情怀。

牛津城内多塔状建筑,故又得名"塔城"。中世纪的塔楼古色古香,文艺复兴风格的建筑,弥漫着浪漫气息。建于1371年的位于民众方庭的图书馆,是英格兰最古老的图书馆。大学植物园建于1621年,是英国最早的教学植物园。蜿蜒曲折,幽深绵长的皇后小巷,从牛津建校一直保留到现在,如

大话牛津

王尔德

今快 700 年历史了。路边的石凳长满了青苔，让人回忆起牛津的起始。王尔德坐过的木凳、萧伯纳倚过的书架，都照原样没动。外面环境如此，走进楼内让人更加感到历史的分量。在学校最早的图书馆韩夫瑞公爵图书馆里，时光仿佛是静止不动的，寂静充满了这文化的圣殿。从地板到屋顶，全是手稿和未刊资料，它们像宝库一样等待着后来的人去开发。

雷德克利夫广场是大学举行庆典及各项文艺活动的中心，这是整个古城的中心，它远隔了主要街道的喧闹。附近红砖地的铜鼻小巷，巷中三两行人，绿树遮天，让人觉得心旷神逸。圣玛利教堂坐落在广场南边，17 世纪前，学校的主要庆典、音乐会都在这举行。广场西侧是建于 1509 年的 Brasenose College，学院因创校时，大门上有一只铜制的"狮鼻叩门环"而得名。学院正门的天庭中，有一座宝蓝色的日晷钟，但因为英格兰特有的阴霾天气，一个夏天也没能见到几次钟上的日影。有人说"英国只有气候，没有天气"，这并不夸张。

学校广场的西角是建于 15 世纪的神学院，这个有着古典式圆顶的雷德克利夫建筑是牛津很特殊的建筑。它是图书馆的原始建筑，早期作为大学的研究教室之用，现在改为大学图书馆的阅览室。

在牛津，克莱斯特教堂被牛津人亲切呼为"The House"。灵圣学院是牛津众多学院中唯一没有大学生的学院，因为学院中只有研究生，因而被视为世界最具学术权威的高级学府之一。城东的莫德林学院的城堡，被人们称为"凝固了的音乐"，优美异常。钟楼以大青石砌筑，朝天高指。楼内挂着十口铁钟，当它们相继敲响时，仿佛一曲雄浑磅礴的交响乐！

走进科学的殿堂

建于17世纪的谢尔登尼安剧院是列恩所设计的第一栋建筑，也是牛津大学传统授予学位典礼的举行场地。每年夏天，学期结束时，身披黑袍，头戴方帽的学子们，将列队经过大街，进入剧院，在此被授予学位。

牛津的叹息桥是拱形的，其建于两座楼之间，像威尼斯的叹息桥一样，不过下面是街道，不是水。桥顶是密封的，不管风吹雨打，都可以来到桥上。据说该桥命名为"叹息桥"，就是备学子们考试不佳时，到桥上叹息用的，当然也可以大发雷霆或作各种发泄。

牛津叹息桥

关于圣母教堂，据说此大学校用教堂是英格兰最多人参观的学区教堂，包括塔楼的古老部分建于14世纪初，从塔顶可以欣赏秀丽风光。

圣母教堂建筑的最大特色是建于1637年的巴洛克式南门廊。

基督教会学院是牛津最大的学院，汤姆方园里的塔楼上半部是本市最大型的塔楼，林肯学院是中世纪学院保存最好的一所。牛津大学的校舍仍然保留早期的屋顶，包括用来散烟的裂口。莫德林学院是既典型又美丽的牛津学院，其15世纪庄园的风格在齐尔维河畔与莫德林桥横跨的公园成对比。

最可贵的是图书馆中藏有许多名家文章、乐曲的手稿，这些手稿置于精致的玻璃柜中供人参观。但当每位参观者看完后，管理人便立刻用黑色的绒布覆盖起来，其对古物的珍惜保藏之情可见一斑。大学目前庆典活动的主要场地多为剧院，坐落于广场的正北方。在17世纪左右，由于圣玛利教堂神职人员抗议过多的活动在教堂举行，影响了教堂清修，于是在1669年，由当时的大学校长Sheldonian大主教，筹资兴建这座剧院。剧院的对面就是世界第二大书店Blackwell书店，在这可以买到或邮购到世界各地的书籍。

牛津是学术机构的天下，共有104个图书馆。其中最大的博德利图书馆于1602年开放，比大英博物馆的图书馆早150年，现有藏书600多万册，而且拥有巨大的地下藏书库。剑桥也有近100个图书馆，藏书约500多万册，每年购书经费约300万英镑（折合4000多万人民币）。根据1611年英国书业公所的决定，英国任何一家出版社的图书都必须免费提供一册给牛津和剑桥的图书馆，至今如此。

牛津的书店几乎与图书馆一样多，大大小小也有100多个。有世界上最大的学术性书店布莱克韦尔书店，也有许多非常小但内蕴丰富的旧书店。百年老店布莱克韦尔创建于1897年，坐落在博德林图书

走进科学的殿堂

馆的对面,在销售图书的同时它还从事出版事业。从外表看,这家书

大英博物馆

店虽仅有三个不大的店面,但书店的三层楼和地下层连通,最顶层还有二手书店,书的数量和种类多到找书必须借助指示牌的地步。书店中那块从开张就有的著名木牌镶在墙上,牌上仍然是一百多年前开张时的那段让人高兴的话:"没有人会来问你要什么,你想随手翻阅任何书籍,尽管自便。如果你需要,店里职员随时为你服务。不论顾客来看书或是买书,都会受到一样的欢迎。"布莱克韦尔书店在英国有78家连锁店,仅牛津就有10多家分店,分别经营艺术、文学等分类图书和音像资料,另外在其他国家也有许多分店。而且现在通过网络,读者可以迅速查书、订书、购书,享受一流的国际性服务。1994年6月8日美国总统克林顿回母校牛津大学参加荣誉院士的授予仪

式，还特地到这家书店买书。而在牛津城中，书摊则随处可见。

与书店和图书馆相关的是出版社，在这里有世界上最大的出版社——牛津大学出版社。其出版的词典、百科全书、专著和教科书常被世界各国的学者奉为经典，如20卷的《牛津英语词典》。另外，牛津博物馆也是重要的文化代表。其中阿什莫尔博物馆建于1683年，是英国第一座博物馆，比大英博物馆早70年，现为英国第二大博物馆。其他如牛津故事博物馆、科学史博物馆、庇特河流人种史博物馆、现代艺术博物馆、大学自然历史博物馆等，它们在自然科学、艺术、文化等领域都享有很高的声誉。

牛津并不只是依赖它过去的辉煌，今天的牛津，仍然源源不断地吸引着来自世界各地学有所成的精英和志存千里的学子。

目前，牛津共有40多个独立自治的学院，按一种同美国相类似的联邦制度与大学相连在一起，每一学院由一名院长及若干院士主持。他们均为学术人士，从事于各类广泛的专业，大部分在大学兼有教职。大学本科直至1974年，均属于单一性别的学院。目前，除仍有一家学院只收女生外，所有的学

《牛津英语词典》

院都同时招收男生和女生。

除了大学校徽外，牛津的学院都有自己风格各异的校徽，这些学院大部分都是综合性的而非单科性的专门学院。牛津的各个学院拥有相当大的自治权，校方也尊重这种权力。学院负责选择招收学生，指派导师辅导学生的学业，提供住宿、膳食等基本教学和福利设施，还要安排各类体育、团体社交活动。而大学主要是统一筹划全校的讲授课程，并以图书馆、实验室、电脑设备等形式提供教学资源，组织安排考试并给毕业生颁发学位证书等工作。

在资讯技术日益发达的今天，牛津大学除了在文史哲、法律、经济等人文社会学科一直保持明显的优势之外，在高新技术的研究开发方面也保持着学科前沿的位置。牛津的生物化学系是西方同类院系中最大的一个，它拥有雄厚的师资力量，30多名教授获有院士头衔。多样化、

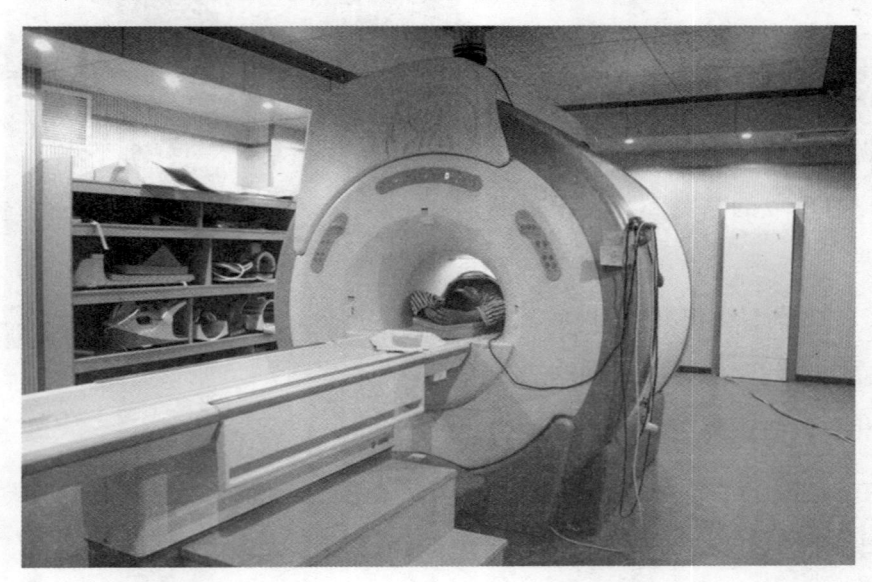

高场核磁共振仪

神灵者的殿堂——牛津大学

跨学科研究是该系的一个显著特征。生化系目前的主要研究领域集中在分子基因学、分子细胞生物化学和生物结构学方面，它的实验室里拥有核磁共振、蛋白质结晶和分解、DNA排序等设备。

2001年5月5日，牛津大学投资1500万英镑成立了世界上第一个因特网学院，主要从事因特网的研究及其对社会的影响。此外，牛津开设的工商管理课程也很受学生们的欢迎，塞德商学院是全欧洲发展最快最有声望的管理学院之一，学院有相当一部分教师来自于著名的大公司。

曾在牛津学习和任教的罗吉尔·培根是近代实验科学的先驱，天文学家哈雷曾获牛津硕士学位，"哈雷彗星"就是以他的名字命名的。印度前总理英迪拉·甘地，包括撒切尔夫人在内的20多位英国首相以及克林顿等外国首脑等都曾求学牛津，诗人雪莱、作家格林等一批知名学者也都出自牛津。在800多年的校史中，牛津引以为豪的是拥有40多位诺贝尔奖得主。

哈雷彗星

作为英语国家中最古老的大学，牛津大学在世界大学之林享有崇高的国际声誉。世界一流的学术研究设施、雄厚的师资队伍、近千年营造

走进科学的殿堂

的优良传统和人文环境使这所大学和这座城市有一种独特的魅力，吸引着各国学生学者前来求学和做学问。

牛津吸引了世界各地许多优秀的学生到这里留学，其中大概有30%是美国人，30%是欧洲人，30%是亚洲人，也有一些来自澳洲和南美，而这些学生也十分喜欢这种混合文化。

牛津的办学思想是探测、挖掘和开发学生的潜在能力，提倡独立思

牛津大学校徽

考和个人创造精神的发挥。牛津人把思想的创见看得更为重要，托马

斯·莫尔的《乌托邦》，亚当·斯密的《国富论》，艾略特的《荒原》和汤因比的《历史研究》等学术史上的经典著作都是在这里完成的。

牛津大学的课程设置有着别具特色的专业体系和多样化的课程体系，牛津大学的学生一入学就要选定专业。该校现设50种专业，有些

牛津大学图书馆

专业是单学科的，有些则是跨学科的综合性专业。由于专业性质、学科范围、修业年限不同，各个专业的课程计划有很大的差异。近年来，牛津在学科设置和教学科研方面充分体现了信息时代学术领域多角度、多边缘、资源共享的潮流和特征。

牛津大学丰富多样的教学方法声名远播，阅读、实验、导师辅导等多种方法相结合，尊重学习规律，调动学生学习热情，培养出了一代代

走进科学的殿堂

堪称天之骄子的牛津精英。

新学期伊始,牛津大学各个专业和学院都有一份打印好的讲座课和讨论课的时间安排表,并同时公布在网上,对全校师生开放,任何人都可以自由地选择任何一门感兴趣的讲座和讨论课。通常中午吃饭时间有讲座和讨论课,尤其是下午4点到5点之间。在牛津街头,可以看见一群教师模样的人,一手拿着长柄伞,一手拿着公文包,行色匆匆地朝某一方向走去,大体可以判断,他们是去参加讲座和讨论课的。

每当一个讲座完毕,不论是导师还是学生,不论是高年级还是低年级,都可以自由发言,平等讨论。此外,还有专门的讨论课,其海阔天空的议题和议论是很吸引人的。牛津出了许多有影响的政治家,与牛津崇尚雄辩的传统有关,而辩论的气氛可以出现在任何可以自由发言的场合。这就是不老的牛津。

牛津"灵"与"肉"

神灵者的殿堂——牛津大学

默顿学院的种种往昔

默顿学院成立于1264年,在牛津大学被称为众学院之母。

在城墙和默顿街之间一块相当狭窄的地皮上,"默顿大学生之家"发展成了牛津影响最大和最富裕的学院之一。入口大院的主体是食堂和礼拜堂,学院生活的中心,食堂前长着玉兰树和白色盘状绣球花。哥特式橡木门上布满涡卷式和螺旋式纹饰,13世纪晚期最漂亮的熟铁艺术

默顿学院的前庭

走进科学的殿堂

和礼拜堂大东窗上精湛的窗花格形成于同一时期。沃尔特·德·默顿计划将他的学院礼拜堂建成一座修道院的规模,有主堂和侧堂,但只建成了圣坛(1289—1296年)、中央部分(1335年)、十字形耳堂(1367年—1424年)和钟塔(1451年),雄伟得足够容纳八只钟的轰鸣了。因此默顿礼拜堂是一部未完成的作品,既宽敞又漂亮,成了学院礼拜堂的榜样。

默顿学院的很多院士在这座礼拜堂都立有墓碑,黄铜或石头的,或风格严谨或像托马斯·博德利的一样有着巴洛克式华丽。包围着古典语文学家和外交官们的那些女性塑像,象征着音乐、数学、语法、辩论,还有用作擎柱的书堆(博德利图书馆的资助人认为这是一个合适的条件)。这堵高墙用大理石和雪花石膏砌成(1615年),出自尼古拉斯·斯通之手,他是当时英国最好的雕刻家之一。礼拜堂前室里的一块牌子上刻着默顿学院各任院长的名字。1994年,院士们将杰西卡·罗森选为院长,这是730年来的第一位女性,也是一位伟大和杰出的女性。

牛津民众四方庭

民众四方庭位于礼拜堂的南侧,这是牛津最早有计划地兴建的学院庭院。它的周围有四座规模差不多大的配楼,于1290年动工,1378年竣工。东北角高大的鞍形石屋顶下，在宝库里，存放着学院的金库和文件。底楼是院士们的住房，可以从院子里穿过尖拱形大门进入，再前往分隔开的楼梯单元。一间卧室住四名学生，每人另有小书房一间，书房开有一扇小窗。向上走一层就能去阅读古代经典作品，去学院图书馆，为学生们学习和阅读提供了方便。

英国还在使用的最古老的中世纪图书馆之一是默顿学院的上图书馆，具有朦胧光线、木头和皮革的气味，让人们能感觉到古老牛津的气息比别的任何地方都更浓。16世纪中叶，默顿学院约有500册藏书。随着印刷图书的数量大幅飙升，默顿学院引进了节约位置的拳击制度。1260年前后，坎特伯雷大教堂图书馆就已经执行这一制度了。图书馆的书架和墙成正方形摆放，过道两侧的书架之间放置写字台和长凳，像拳击台上一样可以坐在长凳上。牛津其他的学院图书馆也仿照它采用了这种布置法。上图书馆的文艺复兴式装饰和橡木书橱完成于1589年—1590年。有趣的是，特别重要的书籍用铁链拴在写字台上，部分图书一直拴到1792年。这种铁链拴着图书的做法是从巴黎的索邦大学学来的。学生们必须就地掌握铁链拴住的知识，而他们的教授也可以将一些珍品从默顿学院的借阅橱里借出去。早在修建图书馆（1371—1379年）之前就有这张书橱了，由三把锁锁着，只有三名钥匙掌管人全部到场时才能将锁打开。默顿学院收藏有350多本中世纪的花体字手稿，最古老的是9世纪奥伊泽比乌斯的《编年史》。这座学院图书馆的6万多册藏书早已将楼下的房间摆满了，那是从前院士们居住的地方。1914年，美国学生艾略特，从马尔堡大学转到默顿学院，在这里完成了他的哲学论文。

走进科学的殿堂

在很多人的眼里，1249 年是牛津在学院的建设上最有突破的一年。之前，牛津大学一直处于只有人才，却一直未曾拥有一座完整并与人才相匹配的学院。这一年，一位叫做达勒姆的威廉主教将一大笔钱遗赠给了牛津大学，用来资助学神学的硕士们。达勒姆的捐赠使一直为此而苦恼的牛津得到了有力支持，同时也了却了牛津的一桩心愿。受到资助的神学硕士们形成了"大学学院"的核心，并盖起了学院的房子，尽管房子简陋且毫无规则可言，但是毕竟在设施上前进了一大步，牛津也是在社会的捐助中成长起来的。

牛津『灵』与『肉』

牛津大学图书馆

经过了十几年的发展，牛津又相继盖起了贝利奥尔学院和默顿学院。作为牛津最古老的学院之一，默顿学院拥有着多重身份。在牛津这座早期以贵族为标志的学校里，默顿学院却标榜这样的院规："只接受那些品行端正、有礼貌、温和、谦逊、贫困、学习能力强、渴望进步的

人。"于是这里成了牛津最具影响力的学院,牛津的影响力也来自于它的资助人。

1264年是默顿学院的创建之年,以资助人沃尔特·德·默顿的名字命名了这所学院。默顿是温彻斯特的主教,同时也是亨利三世的大法官,高贵的身份也抬高了学院的地位,默顿学院受校长直接管理。

由于沃尔特·德·默顿从家族中继承了丰厚的遗产,再加上他本来就善于经营,很快就富甲一方。沃尔特的名气是因为他的慈善而扩散开的,几家医院的捐助让他渐渐得到了人们的尊敬。在默顿学院建立初期,他购买的大量庄园成了最原始的校址,他给犹太人放债收回的大量贷款,成了默顿学院最基本的校资。据统计,沃尔特陆续投入到这所学校的资金大约有4000万之多。沃而特的无私和崇高,博得了人们对他的尊重。

亨利三世图像

1277年的秋天,沃尔特与世长辞,按照生前的意愿,他被埋在了温彻斯特大教堂。他的慷慨捐赠在身后受到了更多的敬仰,朋友、教士、牛津的学生组织、受抚养者、仆人以及无数的悼念者出现在这位谦和的老者的葬礼上。1600年,牛津为他建立了一座雪花石膏雕像。

走进科学的殿堂

在沃尔特去世不久，学院由于经费的缺乏，曾一度将部分院落出租，以收取租金维持。如今，沃尔特曾经规划的修道院早已丢失了当初的模样，默顿学院搬入了更为现代的设施里。

默顿学院里居住着骄傲的学生和学者。以布拉华丁为首的来自各地的顶尖数学家聚首在默顿学院里，他们当时已经开始利用图解来描绘函数和推断其相关性质，并且证明出了著名的"默顿法则"："等加速运动所行经的距离等于以其平均速度作等速运动所行经的距离"，这条诞生于默顿学院的法则所产生的影响一直延续到了 16 世纪和 17 世纪。

默顿学院

在牛津大学最古老的图书馆里，有从索邦大学学来的用铁链拴着图书的方法。索邦大学被称为欧洲大学之母，因为牛津大学和剑桥大学以及德国的许多大学大都是按照它的模式创办的。作为巴黎大学的前身，索邦最早的历史可以追溯到 12 世纪，起初叫索邦神学院。到了 14 世纪，这个学院发展成为神学研究中心。在这所大学里，除了神学研究，还有医学和人文科学的研究，是基督教世界最著名的教学中心。在神学主导欧罗巴大陆的中世纪时期，索邦成为欧洲大学的典范，自然索邦的图书馆也成为许多学校争相效仿的对象，因而牛津大学默顿学院的图书馆也这样做过。

默顿学院有着让人们认为的不公平。默顿学院作为牛津的灵魂学院，它的眼光是挑剔的，它会慷慨地接纳优秀的人也会毫不留情地拒绝它不喜欢的人。牛津仇恨犹太人，1934年，被纳粹党夺了教职的西奥多·阿多诺流亡到了牛津，这位来自法兰克福的犹太流亡者被纳粹党剥夺教职，他花了近4年时间才在牛津大学站住脚跟。1934年秋天，阿多诺搬进了默顿学院的新住处，由私人讲师变成了进修生。但是仍然不受到真正的欢迎。他撰写有关埃德蒙·胡塞尔的现象学的论文，开始为"启蒙运动的辩证法"做准备工作。而且身为哲学家，他出版了一部《论爵士乐》的论著，使自己成了彻头彻尾的旁门左道者。阿多诺既不熟悉牛津大学的实证主义思想，也不熟悉默顿学院的学院风气。大学排外的团体不接受这位严厉的德国人，学院

巴黎索邦大学

的辩论组织博德利俱乐部也不接受他。但阿多诺定期参加霍利威尔音乐厅的音乐会,他本人也在音乐俱乐部里演奏。当在英国大学里收获成功的希望破灭之后,他于1938年再次流亡去了美国。他对牛津的热情和牛津对他的冷漠,让人心寒。

其实,所有在牛津的犹太人早在1218年开始就与其他的牛津人有了人为的区别,他们必须佩带黄色的徽章。但即使这样,也不能成为牛津的学员。1290年,已下定决心将犹太人赶尽杀绝的爱德华一世把他们全部驱逐出了英国。

犹太民族的命运在17世纪克伦威尔时期发生了逆转。这个执政者对犹太人是宽容的,他的宽容造就了默顿学院围墙外那条让人肃穆的死人道。那是通往犹太人公墓的一条小道,当运尸车从牛津的圣阿尔代特街前往公墓时,默顿学院里就会听见吱吱的车轮声。这些带着悲剧色彩的人们让自己永久地安眠在了那里,能在这个神圣的地方拥有自己的安宁之地,他们已经满意了。

犹太人本不应该受此待遇,他们勤劳、善良。他们的回归带来的不仅是新鲜的思想,还有新的饮食文化,英国最早的咖啡屋就出自他们之手。虽然

牛津『灵』与『肉』

牛津大学一景

执政者给了犹太人宽容的政策，但牛津的包容却还是缓慢的。在大学改革后的很多年，还没有一名信奉犹太教的犹太人能够在那里上学。直到1882年，牛津才终于接纳了一位犹太院士。然而更多的人士这样评价的："这个骗子到了牛津竟成了教授，可实际上，他不过是个卑鄙的犹太小子。"在牛津，最终犹太人还是没能真正获得平等。

牛津的大门始终没有向犹太人平等敞开。犹太人在承受种族歧视的同时，社会地位的低下仅为一个方面，他们同样要饱受不平等受教育机会和权利的煎熬。希望随着历史的发展进步，他们能够真正拥有平等和自由。犹太民族的梦想也终于没有在牛津这块土地上辉煌起来，犹太人在牛津人数最多的时候，也不过3000人左右。如今，他们在那里的身影越来越稀少了。

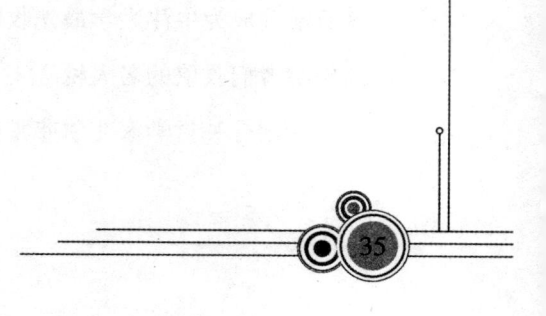

走进科学的殿堂

基督教堂学院的灵魂震撼

牛津『灵』与『肉』

基督教堂学院不仅是牛津最大的学院,也是最富裕的学院之一,是唯一一所拥有一座大教堂和自己画廊的学院。人们视基督教堂学院为英国贵族的教育摇篮,是治国才能和丑角艺术的高等学府,从伊丽莎白时代的骑士和诗人菲利普·悉尼,到撒切尔执政时激情四射的部长艾伦·克拉克。在成为首相之前,威廉·格拉斯通在这里学习过希腊语和数学,安东尼·伊登在这里学习过东方学。索尔兹伯里侯爵、德尔比伯爵、巴特兰、坎宁、皮尔……基督教堂学院一共培养出了13位英国首相和11位印度总督。这所学院成为牛津大学最先收取门票的学院,这早就不足为奇了,那是向旅游者们收取的名人税。

一则有关哲学家艾尔弗雷德·艾尔的逸事证明了这里的院士是什么

安东尼·伊登

神灵者的殿堂——牛津大学

级别的人物。1987年，在纽约的一次晚会上，艾尔发觉拳王迈克·泰森在骚扰模特纳奥米·坎贝尔，艾尔劝泰森别烦她。"他妈的，你知道我是谁吗？"泰森问道。"我是重量级世界冠军！"艾尔则回答说："我是牛津大学前任逻辑学教授。"

基督教堂学院同他的创始人沃尔西红衣主教和亨利八世国王一样伟大，学院动工于1525年，初命名为红衣主教学院。托马斯·沃尔西又名"男孩学士"，因为他15岁时就在牛津大学获得了学士学位。沃尔西红衣主教计划在被取缔的奥古斯丁教团的圣弗莱茨维德修道院的地方修建一所学院，它应该超过现有的所有学院，和他的泰晤士宫邸一样雄伟。那是一座有60名唱诗班成员、40名年轻经师和一位院长领导的教育的殿堂，也敲101下钟声。但是，1529年，亨利八世的婚姻政策和罗马政策使这位雄心勃勃的大主教垮台了。沃尔西倒台时仅汤姆方庭的二座配楼几乎完工，也包括食堂。因而当时有人开玩笑说："虽然他要修建一所学院，但完成的只是一座餐厅。"

亨利八世图像

托马斯·沃尔西于1473年出生在伊普斯成奇，他的父亲是一个商人，家境一般。1488年，沃尔西在牛津顺利地拿到了文学学士的学位，

走进科学的殿堂

随后成为一名随军牧师。1501年，沃尔西凭借出色的表现被选为坎特伯雷大主教并被引荐到亨利七世身边。当时的亨利七世也确实需要一位干将来做自己的左膀右臂，于是在管理和外交职责方面雇用沃尔西来应付。沃尔西的聪明至此得到最大限度的发挥，他出色的手腕赢得了亨利七世的青睐，他开始把越来越多的权力委托给沃尔西。此时的托马斯·沃尔西权倾一时，成了国王身边真正的红人。

1525年，沃尔西决定在牛津建立一所真正代表神学地位的学院——基督教堂学院。沃尔西的野心巨大，从这项工程投入伊始，就奠定了它宏大的规模。然而工程未致一半，一场源于亨利八世荒唐情事的变故却使得沃尔西命丧黄泉，终结了他和他在牛津的梦想。

遭到拘禁的沃尔西被收回了所有的权利后，精神颓废，一病不起，自知时日不多，他在牛津的梦想恐怕有生之年无法看到，然而此时这个浩大的工程连主楼都没有完工。尽管后来沃尔西写信给亨利八世并获得了国王的原谅，但是狠心的安妮对这位红衣主教怀恨在心，千方百计要置他于死地。1530年，被关押在伦敦塔的沃尔西终于满心伤感地离开了人世。在牛津仍有许多心愿没能完成。

亨利八世的铠甲

牛津『灵』与『肉』

神灵者的殿堂——牛津大学

可怜的基督教堂学院还只完成了一座三层配楼和一个食堂的工程，尽管当时有人不无嘲讽地说这是一座"别样的餐厅"，但在沃尔西忧伤的心里，这里无疑是他灵魂的居所。

跟汉普顿宫一样，亨利八世也没收了这位被推翻的红衣主教的学院，并将它扩建，每年都会从中得到一笔收入，而绝大部分来自被取缔修道院的田产。1546年，国王将这所学院和英国圣公会的新主教府所在地牛津合并到一起。学院礼拜堂成了主教堂，简称基督教堂。自此以后，这所主教堂的教长同时也就是学院的最高领导，由王室任命，这是英国独有的一种任免体系，但学院领带上至今都绣着红衣主教的红帽子。

沃尔西的宏伟建筑计划从学院入口处的气势完全显示了出来。

威斯敏斯特宫

走进科学的殿堂

汤姆方庭各边长80米，是牛津最大的内院。院子中央有一尊庄重典雅的塑像，宛如一支优美的乐曲。天使墨丘利矗立于水池中央。这座水池原先是用做消防水池的，水池四周是宽阔的草坪，草坪外围是垫高的环形道。只有从壁柱和扶壁底部还能辨认出来，沃尔西本来是要仿曾经在那里学习的莫德林学院修建回廊的。为红衣主教工作的是王室最好的石匠师傅约翰·卢宾斯和亨利·雷德曼，他们也在威斯敏斯特修道院和温莎宫工作过。1529年，沃尔西倒台时，他们建完了院子的南侧，东侧和西侧只造完一半。门楼也未完工，直到1681年才算结束。后来克利斯托弗·雷恩来了，为基督教堂学院建造了一座钟塔，从此以后它也就成了这座城市的一个重要景点。

汤姆钟塔被视为英国的巴洛克——哥特式最别具一格的代表之一，是一座双塔，没有中世纪的门楼，这种建筑风格对于同类建筑来说是不可思议的，同时它也是克利斯托弗·雷恩的第一座新哥特式作品。雷恩在都铎时代风格的底楼上修建了两座八角形角塔，在一个正方形的夹层上方修建了同样一座八角形的主塔，三座塔上都罩着流线形的小圆顶，在设计草图时曾考虑过山花和假窗的莲花形拱主题。雷恩就这样体现了他对牛津的保守主义的尊重，并以新哥特式风格完成了一座哥特式建筑。大门上方业已风化了的塑像就是红衣主教沃尔西，这是巴洛克雕刻家弗朗西斯·伯德的一件雕像作品（1719年）。但塔楼最上面悬挂的是只近7吨重的大汤姆钟，这只学院大钟是为了纪念托马斯·贝克特的。

那座扇形拱顶是牛津保守风格的代表，它撑开在食堂楼梯上方，

牛津『灵』与『肉』

神灵者的殿堂——牛津大学

那样的轻盈、富丽，好像那是最纯粹的哥特式风格，而不是早期的哥特式复兴似的，它于1640年竣工。支撑楼梯间整座扇形拱顶的似乎只有中央唯一的一根柱子，但这一印象也是错误的，石柱只是装饰作用而非主要结构部分。通向大食堂的两道宽敞的楼梯一点不像是中世纪时建造的，上面是一座巨大的支撑大梁的屋顶，这是牛津大学和剑桥大学最大的维多利亚时代之前的大食堂。它就是电影里霍格沃兹大食堂的拍摄地，霍格沃兹就是罗琳的畅销小说《哈利·波特与魔法石》里的魔法寄宿学校。

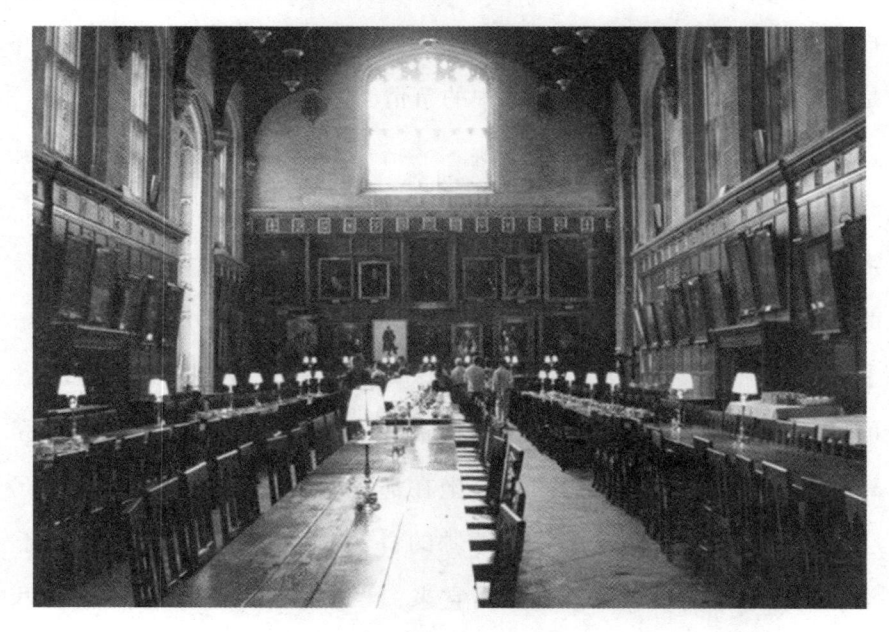

霍格沃兹大食堂

基督教堂学院的大食堂总会散发出浓浓的地板蜡和汗水的味道。锃亮的橡木长桌，新哥特式矢形尖拱靠背椅，盘子上印有带红衣主教帽的学院徽章。学生们像在咖啡店里一样在这里用早餐和午餐，

走进科学的殿堂

晚餐是上菜，分两班，一班是非正式的，一班是正式晚餐，要穿长袍用拉丁文进行餐前祈祷。亨利八世的全身雕像立在大厅最里面，双腿叉立，是模仿白厅里被毁的空腿雕像雕刻的。四周墙上悬挂着嵌着名人相的金框：约翰·洛克、约翰·威斯利、威廉·格拉斯通、奥登等。基督教堂学院的明星们是由盖恩斯伯勒、雷诺德、劳伦斯、米莱、萨瑟兰绘画的，这是一座小型民族名人廊，不只是普通的学院英灵堂。他们是学者、诗人、院长、政治家、教会人士，清一色的男性。在这所极其保守的学院里，女性的肖像还没有资格挂在这里，只有伊丽莎白一世和伊丽莎白二世除外，她们是贵宾，是王室巡察员，这也是情理之中的事情了。

食堂大门的右首挂着刘易斯·卡洛尔的肖像，是在他去世后画的，画面上他的表情相当忧郁。爱丽丝窗在上面闪光，内容出自卡洛尔的故事的玻璃画。在这个巨大的房间里，夹在她院长父亲桌旁的所有大动物中间，爱丽丝一定感到无比的孤单和渺小，直到她吃了那块让她长大的蛋糕，越长越大，直到她的头可以碰到食堂的屋顶，就像对面壁炉旁颈部超长的古铜像一样。三级台阶上面摆放着高桌，院长、教师和他们的来宾坐在那里用餐，明显高于学院的下层社会，角落里挂的是院长利德尔的肖像。旁边有一道小门，由于墙上贴着墙裙，所以几乎看不出它来，"这就是兔子洞"。"从这里直通教师公用室，教师们的俱乐部。他们从他们的这个洞里钻出来吃饭，然后又消失进他们的洞里。"卡洛尔·刘易斯担任共用室执事多年，设法让同事们在那里找到足够的报刊、写字用的纸张，尤其是足够的茶和葡萄酒，这便是他在基督教堂学院森严的等级制度

牛津「灵」与「肉」

里担任的最高职位了。但1856年4月25日在院长花园里，卡洛尔·刘易斯遇到了他的爱丽丝的原型，在他给这座大教堂拍照的时候。据说爱丽丝门后的花园里的确有那只柴郡猫蹲伏过的树，那只猫给人们留下的只有大声冷笑，这听起来多么令人感到神奇和诧异。

《爱丽丝梦游仙境》剧照

当时，中世纪的教堂通常是由东向西建造。建筑节奏从唱诗班开始，延伸进大教堂的主厢：后诺曼式圆柱，哥特式蓓蕾纹饰柱头，拱廊的双拱罩住暗楼。如此烘托之下，墙壁显得比实际的要高。但真正引起轰动的是圣坛上方的网状拱顶、悬垂装饰和星星图案，一副天空的写照。这一悬垂装饰建于1500年前后，像钟乳一样悬挂在支肋和拱肋下，堪称为后哥特式精品，没有使用一点钢筋混凝土。拱肋交汇于拱顶背扁，支撑着整个建筑，而我们只能看到

走进科学的殿堂

拱肋的末端。这一天才的工程设计可能出自威廉·奥查德之手，他是当时最杰出的石匠大师之一。奥查德也在莫德林学院和神学校工作过，后被安葬在基督教堂学院大教堂里。

在牛津，每一座学院的礼拜堂都是一座亡灵纪念馆，但唯有基督学院的礼拜堂内容最为丰富。礼拜堂的一角立着斯图亚特时代身着黑色长袍的罗伯特·伯顿的半身像，表情忧郁，神情冷漠，他曾是牛津的一名图书管理员，也是一名圣公会的牧师。倾尽一生所写的《忧郁的剖析》使得他的名字留在了牛津的辉煌篇章中。至今，这部著作还是对忧郁者们的最佳剖析之作。

牛津大学基督教堂

人们会记得艺术家约翰·拉斯金这个伟大的名字，还有他的那句名言——除了生活什么都不重要。拉金斯是一个天才而多产的艺

神灵者的殿堂——牛津大学

术家，正是在牛津，他结识了特纳，也曾与艺术家罗塞蒂、米莱斯、亨特共事。天才聚集起的智慧的力量是不可估量的，这些优秀的艺术家的思想影响了拉斯金的一生。而他也将哲学运用于艺术之中，独创出了风格浓厚的派别。拉金斯现实中的生活并不幸福，自从拉金斯的太太转而嫁给了他的朋友米莱斯后，这个敏感的天才艺术家就逐渐失去了理智，得罪了不少人。1878年，他被人告以诽谤罪，输了官司，声名大损，这对他的打击很大。

拉斯金是一个漠视金钱的人，父亲去世曾给他留下了大笔的遗产，但他声明社会主义者与富裕不可兼得，将所得遗产分赠给了各家教育机构。拉斯金的一生都在不安定中度过，这个疯狂的艺术家被牛津视为骄傲，以他的名字命名了一个学院——拉斯金学院。拉金斯死后，牛津为了纪念他，将他安葬在了神圣的基督教堂学院。

古老的基督学院的礼拜堂不乏这样的灵魂，但还有一个最神秘的灵魂暗藏在基督学院的最深处，无数的人曾慕名来到这里只为了看一眼这个传说中的骨匣。

牛津的童话中有这样一个故事，一位叫做佛雷德斯维莎的圣女为了躲避求爱者的追逐，藏进了茂密的森林，从此再也没有踏出森林一步，直到羽化登仙。她坐在救赎灵魂的船上，纯洁而神圣。这个美丽的故事被一位牛津的艺术家画在了基督教堂的玻璃上，流芳百世，而传说中圣女的圣骨匣则被安放在礼拜堂内侧的殿堂里。这个神秘的骨匣曾被制作过两次，第一次是在1289年，后来在宗教改革的年代被毁坏。1889年，又被重新制作。哥特派石匠们将一颗颗小人头藏放在匣子上，既庄重又神秘，不免让人遐想翩翩。

牛津『灵』与『肉』

走进科学的殿堂

也许被安置在基督教堂的亡灵们是最爱安宁的，因为这座古老的学院从建造伊始就被赋予了太多的愿望而变得沉稳厚重，这是个适于逝者的安眠之处。

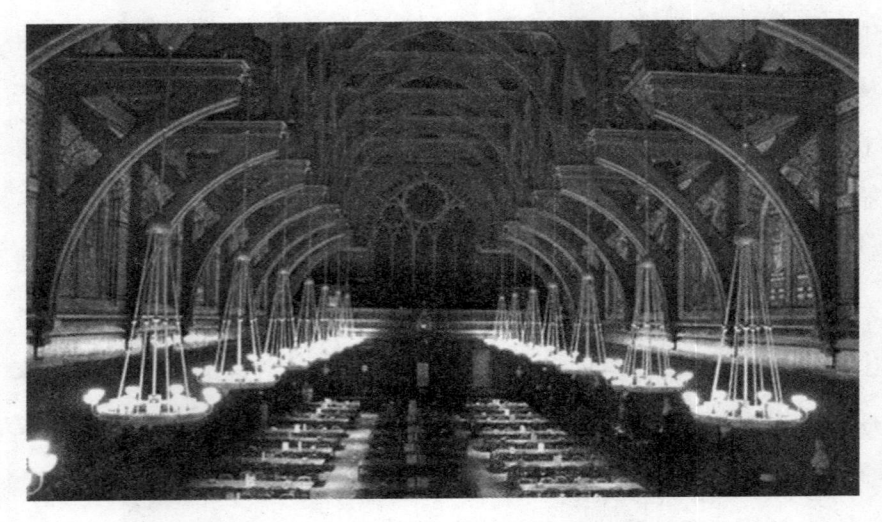

牛津大学基督学院食堂

基督学院最大的魅力之处，不是它的年代久远，不是它的庄严肃穆，而是它能够在相同的空间里给每一位来访者不同的感受。这样的感受不矫柔造作，真实自然，是从灵魂深处带来的震撼，这种震撼来源于人类的伟大智慧。

基督教堂学院拥有重要的艺术品收藏。1968年，这些收藏品从图书馆迁入了坎特伯雷方庭的一个专用画廊里，画廊是由鲍威尔和莫亚合作公司设计的。基督教堂学院的这一收藏的核心部分要归功于两位前校友、一位将军和一名外交官。约翰·吉斯曾经为万宝路公爵战斗过，另外，他偏爱文艺复兴运动和意大利17世纪的艺术，喜欢那些伟大的威尼斯人。从他的收藏中，人们整理出了卡拉奇、廷托雷托、韦罗内塞、多梅尼基诺和伯纳多·斯特罗齐的作品，安东尼·范戴克的《高尚的西皮奥》和他的一幅描绘一名士兵站在马旁的极品油画。这些都是精品，它代表了这些杰出画家的艺术造诣。

基督教堂学院的第二部分收藏品是外交官威廉·福克斯-斯特兰韦捐赠给母校的。他是英国最早收藏意大利文艺复兴早期作品的收藏家之一，尤其是14—15世纪的佛罗伦萨派的作品。收藏的极品包括杜乔、博蒂塞利、皮耶洛·德拉亚·弗朗西斯卡等画家的《圣母像》和《女预言家》，雨果未完成的《哭泣》，菲利皮诺·利皮《神秘的半人马座》和萨尔瓦托·罗萨的《隐士》。这里还悬挂着弗朗斯·哈尔斯晚年的一幅精彩作品，是一位老妇肖像。这是从教师公用室租来的，是那些教师们的私人藏品，他们偶尔也以一些流言飞语让我们开开心。

雨果的作品在画廊里也可以找到，如他未完成的《哭泣》，还有著名的《雅各布与拉赫尔》。这位作家的作品被放在古代作品群中，年代虽已久远但仍显出雨果节奏性的思维，他不是纯粹的画家，但艺术都是相同的，雨果的画还是表达出了一位文豪所具有的思想深度。

雨果

走进科学的殿堂

　　一座以培养神职为目的的学院，神女像是必不可少的。藏在基督学院的圣女像个个都是极品，来看看他们的作者吧：杜乔·迪·博尼塞尼、皮耶洛·德拉亚·佛朗西斯卡、博蒂塞利，一个个闪耀的名字照亮了整个画廊。其中杜乔的此类绘画最为闻名，跃动的色彩、流动的线条，悲哀和希望同时被他刻画在一张张脸上。杜乔最伟大的作品是《圣母子荣登圣座》，这幅作品是他受锡耶纳大教堂之托于1308年开始绘制的。1311年，这幅作品完成后举行了盛大的庆典，轰动一时。然而，这幅巨作却在以后遭到被肢解的命运。一些人把这件木板作品切割成几块然后卖掉，所以现在世界上几座博物馆都只藏有《圣母子荣登圣座》的局部残片。

牛津『灵』与『肉』

杜乔名画《圣母子荣登圣座》

　　基督学院的画廊大多数的收藏都来自校友的赠送，虽然他们并不是毕业于基督学院，而是牛津其他学院的毕业生，但在他们的心中，只有这里才承受得起这些艺术品的分量。的确，基督学院从没有让任何一位慷慨的捐赠者失望过，于是那里汇集着越来越多的经典画作，成了名副其实的艺术殿堂。

　　古代艺术中很少有刻

画日常生活场面的。因此，一旦出现像《屠宰店》这样题材的作品，就更加让人感到意外了，这幅巨作是安尼贝利·卡拉奇1583年创作的。画作上，一只羊被屠宰了，它的一根后腿过秤后被卖了出去——直到17世纪的荷兰画作里我们才找到这种感觉，即使我们认为卡拉奇把死比作末日审判，这种诙谐的现实主义风格在意大利的巴洛克艺术中也是很少见的。这幅画是这一非凡收藏中最不寻常的，国王查理一世曾经收藏过它，可见它在人们心目中的重要地位。

一座小庭院由画廊通往出口，它在基督教堂学院理所当然地是一道凯旋门，这是詹姆斯·怀亚特为坎特伯雷方庭（1773—1783年）设计的最后一座大型建筑。这座威尼斯—新哥特式建筑建于1862—1866年，是学生宿舍楼。伊夫林·沃的"布赖兹海德"学生塞巴斯蒂安·弗莱特和他的泰迪熊阿洛伊修斯就住在那里面，他俩生活得十分快乐。在一次丰盛的午宴上，他的一位朋友走上室外的阳台，对着基督教堂学院的草地朗诵艾略特《荒原》里的诗句。这所学院最出名而且珍贵的不是汤姆方庭，而是这片草坪，听起来多么神奇。

基督教堂草地是地处泰晤士河和查韦尔河之间的一块古老的河谷草地，也是一块沼泽地，从前一到冬天就常被河水淹没。中世纪以来，这块草地再没有被耕种过，也没有喷过杀虫剂。那里生长着毛茛草和铜钱状珍珠菜，生长着斗篷草、糁斗菜、虞美人，是各种昆虫动物、植物学家和昆虫学家的理想天国。依照旧学院章程，为了每天早餐时能喝到新鲜的牛奶，基督教堂学院的每一位学生都有权在此放牛。

这一段泰晤士河畔因6月举行划船比赛而热闹非凡。划船比赛的目的地就是这块基督教堂草地，趁着比赛的兴奋劲儿，有人甚至开始了调

走进科学的殿堂

情。就是在这里，全体男大学生都深情款款地为朱莱卡·道布森跳进了河里，谁若不相信，请去阅读马克斯·比尔博姆的同名小说。河滨小路始于河谷草地的南端，顺着查韦尔河向前，能望见尖塔的全景，这是牛津最古老的景色，所幸至今未被郊区建筑破坏掉。由宽道返回到出发地

牛津大学基督教堂学院

点，路左是牛群，路右是默顿学院的体育场和基督教堂学院。这条林阴小路是内战结束不久后修建的，路两旁原先长的是榆树，如今栽的是梧桐树。这条林阴小路就是牛津的帕尔马尔街，是高雅时尚的乡村步行道，人们在那里散步，欣赏别人的同时也被别人欣赏着，尤其是在一学年结束的时候，牛津总是赋予人们留恋和怀念。

对于当地人和游客，对于一代代大学生和教授们，基督教堂草地是一个休息场所和灵感迸发的源泉。塞缪尔·约翰逊曾经在这里散步，红

神灵者的殿堂——牛津大学

衣主教纽曼曾经在这里沉思，约翰·拉斯金曾经在这里作画，约翰·洛克曾经在草地里搜集过植物标本。布吕歇尔元帅1814年曾经在基督教堂学院做客，在喝了太多的白兰地之后，他为了恢复清醒曾经环绕草地一圈。卫理公会教徒乔治·怀特菲尔德曾经在这里的树下祈祷过。有时草地上会有一只翠鸟飞起，多美的草地啊！牛津的那些糊涂市民，他们竟想穿过草地中央修一条公路，而且是四车道。所幸的是，这个提议被群起的抗议阻止了。基督教堂草地因而得以保存到了21世纪，成为最后的中世纪田园曲之一。今天，我们看到了一个令人欣慰的基督教堂学院。

牛津大学基督教堂学院

大门上方的壁龛里有三尊粗糙的立像。1326年创办该学院的爱德华二世站在查理一世身旁，上面是供奉的圣母玛丽亚。学院原名为"受

走进科学的殿堂

恩泽的圣女玛丽亚文院",但由于新学院的名字里也有玛丽亚,他们就自称奥里尔——取自一座叫奥里尔的早期学院建筑的一个礼拜堂,只有凯尔特人的情结比牛津大学学院史的结纠缠得更厉害。

图书馆位于后方庭,它是詹姆斯·怀亚特1788年设计的,共有7对。底楼是毛面砌石,上面是线条光滑的爱奥尼亚式立柱,小巧而显示其伟大。有则传说就诞生在那舒适的底层,那里是教员公用室,据说牛津运动就是在那里发起的。今天仍然可以感受那里曾经发生过的一切和曾经拥有过的辉煌。

这所当初被称为红衣主教学院的基督教堂学院现在已是牛津最大的学院之一。后人曾猜测,以沃尔西的智慧,应该能够预测到自己命运的结局,而他在自己生命的最后五年,却在自己心爱的母校建造一座气势恢宏的基督学院,表明他已经向世人暗示了自己的命运走向。这里是他自己认定的灵魂的最终归属,是这个忠诚的圣徒一心向往的天堂。

基督教堂学院

牛津『灵』与『肉』

神灵者的殿堂——牛津大学

正是沃尔西的悲剧身世，赋予了这所学院更多的神秘色彩。如今站在学院古老的墙壁前，闭目冥思，昔日那些神圣灵魂的挽歌依然隐约可辨。默顿学院有太多的灵魂，他们围绕着学院久久不曾散去。

牛津『灵』与『肉』

走进科学的殿堂

圣约翰学院的命运

　　圣约翰学院是牛津大学最古老的学院之一，英国首相布莱尔就曾经毕业于该学院的法律系。圣约翰学院很富有，据说这个学院的田产绵延到牛津北区的大部分、伦敦的西区以及瑞士，所以还有一种说法更形象地说明了圣约翰学院地盘的巨大："从圣约翰跑到剑桥，是不必离开圣约翰学院的地皮的。"可见圣约翰学院之大。圣约翰是由存

圣约翰学院

牛津「灵」与「肉」

在了两个世纪的一处遗址改造的,那些旧式的房屋创建于1437年,是"西妥教团"的僧侣学院。"西妥教团"于1097年创立于法国的西妥,教团的宗旨强调劳动而非学术,看中私祷而非公祷,就是要求每个修士亲手耕作、织布、煮食,不得假手仆役。因此西妥教团的修士们的生活十分清苦,但他们却赢得了百姓的尊重。12世纪末,有几百间西妥修道院散布在欧洲各地,可是在13世纪后,由于西妥修会已变得很出名,又很有钱,所以原初的宗旨不能够再坚持,声势也就下坠了。至今,全世界只剩下了6间西妥修道院的遗址,西妥修道院的辉煌已不复存在。

1555年,当时任伦敦市长的托马斯·怀特男爵看上了牛津附近的一处遗址,这个富有的市长同时也在做着布料的生意,他在将这处遗址重建后,取名为"巴布蒂斯特·约翰尼斯神学院"。

巴布蒂斯特·约翰尼斯神学院里最古老的方庭被称为坎特伯雷方庭,于1631年动工。它的风格属于混合体,在这里既有哥特式的影子,也有古典式和巴罗克式的一面。坎特伯雷方庭有一个突破,这也是牛津的其他学院所看不到的,即首次将底楼设计成了敞廊。敞廊的样式曾盛行于法国,意大

圣约翰学院一景

走进科学的殿堂

利文艺复兴时期，敞廊围绕构成的矩形空间，使整个建筑脱离了过去的冰冷与沉闷，院内阳光充足，空气流畅，另有一个优点就是排水便利。方庭的上面是哥特式的窄窗和城齿，两侧的柱廊成复式结构，在主拱处建有一个双层的突出部分，由山花点缀。

劳德的墓设在礼拜堂里。大主教劳德是圣约翰学院最大的慈善家，和他的国王一样，在内战期间他也被当做大叛徒处决了，老图书馆还收藏有1645年1月10日他前往刑场时戴的帽子。另外，圣约翰学院的这所图书馆里还收藏有他的日记、真迹和遗物中的其他珍品，其中包括伦敦印刷工威廉·卡克斯顿的古版书、简·奥斯汀的书信、罗伯特·格雷夫斯的《白色女神》。这里还遗留了许多文人的手稿以及他们的美好回忆。1924年，罗伯特在这里以"抒情诗的非理性"

牛津大学一景

为题写了他的博士论文。还有诗人艾尔弗雷德·爱德华·豪斯曼的手稿，他在这里考试落榜，后来在剑桥大学担任拉丁语教授。另一位伟大的英国抒情诗人菲利普·拉金评论道："牛津大学让我害怕，公立学校的男生让我害怕，教师们让我害怕。"1943年夏天，在菲利普·拉金以优异成绩通过考试前不久，他以关于青春期女生的报告让他的学院生活达到了高潮："我在创作一部女同性恋小说，采用校园故事的形式，很有趣。"

1636年，坎特伯雷大主教威廉·劳德在这里举办了落成仪式，然而这所巨大的方庭却在此刻留下了一个谜团，没有任何人知道坎特伯雷方庭究竟是由谁建造的。在牛津的记载中，只有一些助手的名字，但他们完成的只是方庭里的一些石匠活。关于方庭的建造者，有许多猜测，有些人说是来自伦敦的亚当·布朗，他是当时闻名遐迩的木匠大师。也有人推测是王室的石匠师尼古拉斯·斯通，因为毕竟圣约翰学院是在王室的照顾下建成的，人们发现了方庭的建造手法与这位石匠师有相似之处。也许由于人们对方庭的一草一木已烂熟于心，对建设者的猜测反而显得有趣得多，这样的关心从某种程度上已超出了对坎特伯雷方庭的好奇。人们在自己的猜测中，融入了对坎特伯雷的关注和神往。

其实，在巴布蒂斯特·约翰尼斯神学院以基督教的名义建立以来，圣约翰学院的创办与当时的宗教改革风潮就是不相适应的。前一位国王宣布脱离罗马教皇后，基督教徒们背靠着当时的女王玛丽·都铎。但这棵大树并不牢靠，她的统治仅有5年的时间，在伊丽莎白一世上台之后，学院遭到了一场浩劫。圣约翰学院的著名成员，耶稣会

走进科学的殿堂

会士埃德蒙·坎皮恩成为牺牲者，他的死在牛津轰动一时。

埃德蒙·坎皮恩在牛津有另一个名字，叫做"教皇的坎皮恩"，这个名字标志着坎皮恩的信仰和忠诚。当初坎皮恩凭着圣约翰学院的奖学金成为这里的一员，毕业后继续留在牛津研究历史学。但他始终以敌对的姿态对待国教，1569年，他最终因此而被迫离开牛津远走都柏林。他的命运改变与当权者相关联，伊丽莎白一世在继承了王位之后，对牛津很关心。她拉拢一批有影响力的学者，希望对她的王位带来好处，与此同时，她也对远离牛津的埃德蒙·坎皮恩发出了召唤。像很多人预料的那样，骄傲的女王遭到了拒绝。坎皮恩知道自己得罪了女王，大难将至，但他依然作了出逃的准备，乔装至波希米亚，在横渡海峡时扮做了珠宝商的模样。到达伦敦之后，坎皮恩用有限的时间写了一系列的书来宣传自己的天主教思想，详细地解释了自己的宗教信仰，也描述了在目前的国情下一名天主教徒应具有的新使命。他的书流传很广，鼓励了一批受到迫害的天主教徒，但也引起了伊丽莎白的注意。很快，坎皮恩被拘捕，伊丽莎白对他愤恨至极，立即决定将他处死。1581年，"教皇的坎皮恩"在著名的伦敦塔行刑。他的死刑引来了无

伊丽莎白一世

神灵者的殿堂——牛津大学

数看客,人们的反映不同,有拍手称快者,也有默默祈祷的天主教徒。这个死刑并没有让伊丽莎白完全泄愤,她又命人将坎皮恩的尸体分成四块,挂在四个城楼前展示,以警告其他的天主教徒。

坎皮恩为牛津人记住,坎皮恩的殉道也为圣约翰学院——这个迎着宗教改革之风逆流而上的神学院增添了悲壮的气氛。如今,坎皮恩的遗物仍在牛津保留着。

由于圣约翰学院与当权者之间的种种冲突,使其后来的发展很艰难。但圣约翰学院后来仍受到了不少热心于教育事业的著名人士的鼎力支持,坎特伯雷大教主威廉·劳德(1573—1645年)就是其中最著名的一位。

威廉·劳德曾经是圣约翰学院的一名学生,毕业后,他成为一名教士,1601年成为罗切斯特的主教,1617年升为公爵。劳德真正的事业旺盛期在查理国王上台之后。他在主持了查理的加冕仪式时就开始与新国王来往密切起来,随即就得到了提拔,成为伦敦主教。1633年他成为坎特伯雷大主教。除了教会晋级之外,他在国家事务上也变得越来越有权力,他的办公地址甚至与国王行宫也紧密相连。当时的劳德权势显赫,耀眼夺目。

劳德不忘自己曾经在那里学习过的圣约翰学院,他不断地出钱将学院扩张,这里也随着劳德的权力的扩张而一步步扩大起来。圣约翰学院此时被打下了深

圣约翰学院一景

走进科学的殿堂

厚的财富基础,圣约翰学院与劳德呈现了共同繁盛的景象。但命运的转折也发生在他的身上,一场被预见的变故最终结束了劳德的性命,结束了他所依靠的国王的性命,连圣约翰学院也在那段时间失去了些生气。

为了维护集权统治,劳德协助查理一世压迫所有的异教徒,他们企图强迫每个教区向自己的教义看齐。在这一点上,劳德运用的手段是极为苛刻的,对于反对的教徒,他不惜借助法院之手以极其野蛮的方式处罚他们。1637年,几名异教徒的首领被劳德投进了大狱,在几经拷打之后斩首示众,这样极端的挑衅引起了民怨,越来越多的人开始加入到反对"劳德与他的主人"的行列中。

查理一世

内战爆发之后,劳德遭到议会的弹劾,以多项罪名被送上了断头台,并遭到了剥夺财产的处罚。这样的结果是圣约翰学院不愿看到的,随着断头刀的落下,学院也终于失去了最热心的捐助者,圣约翰学院由此失去了一个庞大的经济后盾。

神灵者的殿堂——牛津大学

女子学院的铿锵玫瑰

牛津建立的第一所女子学院——玛格丽特夫人学堂是在1878年，它的创建者是亨利七世之母玛格丽特·博福特夫人。1455年，14岁的玛格丽特嫁给了亨利六世同父异母的兄弟，并于第二年即1456年，生下了亨利七世。然而不幸的是，她的丈夫也在同一年病死。接着，玛格丽特与白金汉公爵的第二个儿子亨利·斯塔福德结合，这场婚姻因为一场图克斯伯里的战斗而发生变故，她的第二次婚姻宣告破裂，这对玛格丽特打击很大。

后来，玛格丽特又嫁给了她的第三位丈夫——显赫的托马斯·斯坦利勋爵，这场纯洁的婚姻因博斯沃思战争而变得政治味道浓厚。玛格丽特将自

亨利七世

牛津『灵』与『肉』

走进科学的殿堂

己的第一个儿子推上了国王的宝座以后,历尽沧桑的她将精力转向了教育事业。玛格丽特夫人学堂的创办人伊丽莎白·华兹华斯为学堂的捐助人作了这样的开场白:"她是一个贵夫人,一位女学者,也是一位圣女,在经历了三次婚姻后她发誓禁欲,对一个女人来讲,还能再要求她些什么呢?"的确,不幸的婚姻给她带来了人生难以言喻的巨大痛苦。

莫德林夫人学堂是贵夫人们的学院,

圣希尔达学院是游戏的学院,

圣休学院是宗教学院,

萨默维尔学院是智慧的学院。

这些作为1920年前后女子学院的口号,从一定程度上反映了当时学院的特色之处。

玛格丽特给予学院一个历尽了王室残酷政治斗争后的女人的全

牛津大学一景

部希望，于是，玛格丽特夫人学堂成了一个完全远离男人控制的中心，那里拥有的一切都是专属于自己的，专属于到那里读书的女学生。在这所学院成立的100多年里，那里都是一个女性的独立王国。让玛格丽特满意的是，这所学院将她的初衷发扬了出来，女子学院不长的历史却盛产出众多女强人。包括女首相贝纳泽尔·布托、传记作家安东尼娅·弗雷泽、女哲学家玛丽·沃诺克、女情报局长波林·内维尔琼斯等等。这从另一方面体现了玛格丽特的女强人形象和她建校的最初愿望。

　　1879年，牛津建立了第二所女子学院，即萨默维尔学院。与玛格丽特学院相比，这所学院创建艰难并且环境恶劣。最初，所有学院的学生们只能聚集在一家面包房的二层楼里听课，伴随着咯咯作响的机器读书，学生只有12名，少得可怜。即使在学院正式成立后，也没有一座值得骄傲的建筑。与第一所女子学院相比，这里的一切都是朴素的。但是，从这所学院走出的学生却毫不逊色，也因此，这个不起眼的地方在牛津被称为"智慧学院"。"智慧女神"们同样做到最好，为学院增添别样光彩。

　　玛格丽特学堂与萨默维尔学院后来都招收了男学生，尽管进入这里的男学生们个个也是聪明绝顶，可依然还是夺不去女性的光辉，它们在某种程度上已经代表着性别的荣耀，这可不是一朝一夕的事情。

　　萨默维尔学院走出许多不一般的女学生们，事实上，真正让萨默维尔学院出名的是3名学生，她们是被称为"侦探小说女王"的多萝西·寒耶斯、著名首相玛格丽特·撒切尔以及在印度做了首相

的英迪拉·甘地。除了甘地，其余的可是赫赫有名的女强人。

萨默维尔学院

多萝西·塞耶斯是萨默维尔学院走出的最著名的侦探小说作家和评论家。她对侦探小说的理解是：侦探小说为了宣泄。而牛津默默无闻的萨默维尔学院也因为多萝西的名气而开始有了号召力。

多萝西·塞耶斯1893年6月13日出生于牛津，她的父亲在那时是基督教堂教会学校的校长。1912年，多萝西获得了牛津女子大学萨默维尔的奖学金，开始了现代语的学习。在女子学院的日子里，多萝西是特立独行的。她不喜欢按照常规生活，也将自己与各种学术生活隔离开，埋头于自己的世界里，处事低调，甚至一直到毕业，很多同学都不知道多萝西是哪一个。但真正的才华是掩饰不住的，多萝西自1922年起开始在一家广告公司做撰稿人，一年以后她出版了自己的第一本书《谁的尸体》。严密的逻辑推理加上扣

神灵者的殿堂——牛津大学

人心弦的剧情，让她立即成为畅销小说家，被冠以"侦探小说女王"的称号。

多萝西·L·塞耶斯

撒切尔夫人于1943年进牛津大学萨默维尔学院攻读化学。大学时代参加保守党，曾担任牛津大学保守党协会主席。玛格丽特·撒切尔有"铁娘子"之称，那个时候她还叫玛格丽特·罗伯茨。在读书时，正值二次世界大战中期，到处弥漫着战争的硝烟，牛津大学的建筑物也被军队占用。所有人都不知道这场战争到何时才能结束，什么时候才能正常上课。大多数学生们的热情是高涨的，他们积极地争取去前线作战，留下来的也在从事种种与战争有关的活动，学习被放在了次要的位置。然而这一切都没有动摇玛格丽特上牛津大学的决心，特别是萨默维尔学院，仿佛对她有着磁石般的吸引力。她无视周围发生的一切，拼命学习拉丁文，希望通过萨默维尔学院的考试。但是战争期间本来学校招收的学生就很少，成绩出来后撒切尔只刚过了录取分数一点，没能进入到首批录取名单。但命中注定了玛格丽特与萨默维尔是不可分割的，在她就要与这所学院失之交臂的时候，有人放弃了入学资格，终于玛格丽特如愿以偿地进入了萨默维尔学院。数年后，这所学院却因为这个当初

走进科学的殿堂

差点被淘汰的平凡女学生而闻名四海。

与后来的风光截然不同,玛格丽特在牛津的日子异常拮据,她能够顺利地毕业,在很大程度上靠多萝西·玛丽·霍奇金对她的帮助。

多萝西·玛丽·霍奇金1910年5月12日出生在埃及开罗,祖籍西非,父亲是考古学家,母亲精通植物学。父母由于工作关系在全世界走动,很少与家里人团聚,留在英国的多萝西和她的妹妹每年只有几个月能和父母在一起。1928年多萝西进入牛津大学萨默维尔学院学习化学,在牛津上学时,为了帮助父亲分析在非洲古教堂中挖出的文物而对结晶化学发生兴趣。1932年她到剑桥大学卡文迪什实验室,师从贝尔纳。三年后,她又回到了牛津。作为化学家、结晶学家和分子生物学家的多萝西·霍奇金在当时被誉为女子学院不可多得的教授之一,同时也是皇家学会的会员,曾用X射线晶体学的方法,在1949年测定出青霉素的结构。多萝西·霍奇金进入萨默维尔学院

多萝西·霍奇金

时18岁,有着超乎年龄的成熟。1957年又测定出维生素B_{12}的结

构,并因此而于1964年获得了诺贝尔化学奖。

多萝西不仅长得漂亮,而且她还贵在拥有一颗美丽的心。在玛格丽特刚进入学校的时候,家境贫寒的她没有足够的钱应付学校的一切开支,但幸运的是,她遇到了乐于帮助人的多萝西。在这位导师的建议下,玛格丽特不但得到了学校的奖学金,还得到了教育基金的支持。但争强好胜的她为了能有更丰富的生活,又兼职做了一名助理教师,要知道,在牛津这样一所贵族学生占多数的地方,开支是不菲的。后来据玛格丽特自己回忆,她用自己兼职的钱买了一辆自行车。在牛津,自行车是必备的。玛格丽特就是这样的坚强和不服输,难怪她后来会取得那样大的成就。

在多萝西的帮助下,玛格丽特开始有更多的精力投入到她喜欢的社会活动中去。在进入牛津初始,这个性格刚烈的女学生就展现出了不一般的才华,她加入了牛津大学的保守党协会。这个协会成立于20世纪20年代,由一位信奉基督教的学者发起,在玛格丽特之前,保守党协会从不招收女学生。但她多次的旁听吸引了会员们的注意,慢慢地,她开始加入到会员们的辩论中,并成为令人瞩目的焦点。玛格丽塔在那里结识了许多牛津大学里热衷于政治的精英学子,良好的人脉关系成为

玛格丽特·撒切尔

她通向成功的基石。从一名旁观者到后来成为保守党的主席，玛格丽特的从政之路从牛津就已经开始了。也只有牛津这片沃土，才培育出了后来的伟大的女性。

1946年3月，幸运儿玛格丽特当选为保守党协会的司库，并作为牛津大学代表之一出席了在伦敦的沃尔多夫饭店举行的保守党大学生联合会的会议。在那一次会议上的演说，使得玛格丽特的知名度从学校走到了校外，她极具号召力的演说将更多的工人阶级出身的人士划于牛津大学保守党政治活动的旗下，也让她自己拥有了越来越多的支持者。同年10月，她一跃成为牛津大学保守党协会主席，在牛津大学历史上，她是第三位当选协会主席的妇女。而就在同一年，玛格丽特成为一名正式的保守党党员，这为她后来的从政之路奠定了基础。

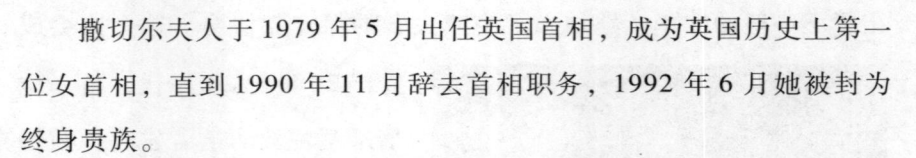

撒切尔夫人于1979年5月出任英国首相，成为英国历史上第一位女首相，直到1990年11月辞去首相职务，1992年6月她被封为终身贵族。

在萨默维尔学院这片神圣的土地上，承载着太多女性们辉煌的开始，她们在这里得到了思想和灵魂的锻炼，她们走出校门后，迎来了耀眼的光辉和卓越的成就。因为她们的存在，萨默维尔学院的声名大噪，开始有越来越多的人将目光投向了这座简朴的学院，有太多的人期盼成为这所学院的一份子。

王者情结

神灵者的殿堂——牛津大学

英国最年轻首相的爱与恨

1972年，布莱尔考入了牛津大学的圣约翰学院攻读法律。1975年，刚刚跨出校门的布莱尔加入工党，并取得了律师资格。1983年，年仅29岁的他当选为英国下院议员，被视为英国政治界的"金童"。1984年成为大律师。踏入政坛之后，他便一帆风顺，先后出任工党经济、工贸、能源和就业事务发言人，1992年起出任工党影子内阁内政大臣。1994年5月，工党领袖史密斯突然病逝，年富力强的布莱尔被推到了前台。两个月后，布莱尔接任工党领袖职位，同年他被女王任命为枢密院成员。

布莱尔

王者情结

在1997年的大选中，工党以压倒多数的选票击败连续执政达18年之久的保守党，当选时年仅44岁的布莱尔也是英国185年来最年轻的首相。布莱尔被国内外视为锐意改革、有思想并具魄力的领导人。2001年6月，布莱尔再次赢得大选。这是英国历史上首次连任的工党首相。

布莱尔在英国人的心中有着近乎完美的形象。他高大英俊，温文尔雅，风度翩翩，同时还拥有一个幸福的家庭。另外，他还是一位虔诚的基督教徒。

布莱尔经常说："我并非生来就是工党的人，我是后来加入工党的。"他出生在一个富裕人家，父亲是位律师，是一位有抱负的保守党人。因此，年轻时代的布莱尔在牛津大学攻读法律，但其学习成绩并不出色。他的同学发现，布莱尔天生擅长搞社会关系。这位普普通通的大学生潇洒自如，他狂热崇拜滚石乐队，他很会生活，参加剧团的演出。为了放松身心，他也参加摇滚乐队的活动。如果有时间，他还会弹弹吉他。那时，艾伦·科莱尼特是布莱尔的一个最要好的朋友，他说："他当时并没有表现出对政治有任何兴趣，他也不是那种非凡的活动家，但他很讨人喜欢。"怀揣着大学毕业证书的布莱尔来到了伦敦。艾伦·科莱尼特说："他当时是带着一个蓝色的吉他，一个棕色手提箱，还有几件换洗的衣服来到这里的。"

这位很不起眼的律师在1997年入主唐宁街10号，娶了令人生畏的

神灵者的殿堂——牛津大学

法学家切丽·布思为妻。历届英国首相们的这个庄严朴素的住所变成了一个人来人往的地方，当时走红的明星们是这里的常客，人们在这里喝着香槟交谈。当时，布莱尔的这类社交活动都是由一位名叫阿拉斯泰尔·坎贝尔的记者主持的。他以前酗酒，后来改好了。在撒切尔夫人和梅杰的保守党当政时期，英国毫无生气。现在，布莱尔和新工党给英国带来了一股凉爽的清风，这是政府与选民之间的一次真正的蜜月。布莱尔十分注重自己的形象，包括在个人生活中。布莱尔被认为是一个好丈夫、好父亲，他和夫人切丽共生育了4个孩子，其中2000年5月20日降临人间的小利奥是唐宁街10号150年来出生的第一个婴儿。布莱尔其乐融融的家庭生活令许多英国民众艳羡不已。在布莱尔夫妇的所有孩子中，尤安因为从小顽劣不化和惹是生非，也许是最让首相夫妇头痛的一个。

布里斯托尔大学

王者情结

走进科学的殿堂

布莱尔年轻时曾在牛津大学的圣约翰学院学习法律。而考入牛津，与父亲成为校友，就成了尤安的一个梦想。不过，事与愿违，尤安的主课成绩为两个 A 和一个 C，因此很遗憾无法"父子同校"。

尤安就读的是布里斯托尔大学。该校在英国排名前 10，虽说无法与牛津、剑桥等大学的名气相提并论，但也算是名校了。该校师资优异，在学术研究方面，是获得最高世界级评分的英国学府之一。

2002 年秋，尤安步入布里斯托尔大学，攻读三年制的古代历史学专业。尤安对自己的学校和专业均很满意，他所在专业的课程包括文学、神话学以及研究古代文献等。

尤安进入布里斯托尔大学后十分活跃，担任过该大学男生联盟副主席。当时，尤安参加了学校组织的一场以核威慑为主题的辩论赛。为准备与"核威慑"等有关的材料，尤安的母亲、英国"第一夫人"切丽·布莱尔爱子心切，求助于首相府的一位工作人员，而那个人竟然直接拨通了英国国防部总值班室的电话。

当此事被英国媒体曝光后，英国国防部对外界的所有猜测，包括首相府滥用职权等等一概予以否认。国防部发言人称："尤安能知道的事情在国防部的网站上都能查到。任何人都可以打电话到国防部咨询，首相一家并没有任何特权。"

布莱尔与戈登·布朗之间的友谊

戈登·布朗

王者情结

经久不衰，后者始终是他的搭档。当时他让戈登·布朗负责实现经济的现代化，他俩都住在唐宁街，两人之间的关系是英国政府里最难解的谜之一。差不多每天，他俩都要单独会面，没有人知道他们两人在布莱尔的小办公室里策划着什么。1994年，布莱尔与戈登·布朗做成一项政治交易，由布莱尔担任工党领袖，而布朗则将担任未来工党政府的财政大臣。布莱尔与布朗一起改造工党，修改其党章，去除了有关国有化的政策，而更强调自己善于财政议题（当时的保守党政府无法解决经济问题），并将自己称作"新工党"。

在布莱尔当政的时代，英国经济起飞了。尽管在公共部门、特别是在医疗卫生部门，还存在一些严重问题，但中产阶级在这个时期变得富裕起来了，失业人口也下降了。20世纪90年代末，"布莱尔主义"是一种自由自在、务实的行使权力的方式，是从克林顿那里学来的一种执政方法。

在左翼这一边，尽管布莱尔与工会的关系紧张，但他也在努力联合他们，其办法主要是对公共部门拨款，设法解决运输方面的问题。菲利普·勒·科雷说："由于对铁路部门实行了私有化，创建了100多个公司，这样保守党就使英国铁路的运营到了可悲的地步。布莱尔对此确实进行了改组和调整，使之变得合理化。"此外，这些自由化的经济措施也使保守党右翼放心了。

伊拉克战争

走进科学的殿堂

2001年,舒舒服服地再次当选首相的托尼·布莱尔继续和英国人过着田园诗般的和谐生活,但后来他所持的赞成伊拉克战争的立场大大损毁了他在人民中间的声望。英国军队的参战导致大批人走上伦敦街头进行抗议,这在英国历史上是前所未有的。

布莱尔首相曾经被牛津大学拒绝授予其"荣誉博士"学位,牛津大学连首相的账都不买,可够"牛"气。原来,在苏格兰北部边远地区有一个教育相对不发达的郡,这个郡上有一位女学生的毕业考试成绩都达到了全A,人们为之振奋和自豪。因为这是近百年来当地第一个达到牛津录取线的毕业生,当地政府对此极为重视。本以为这样的成绩会很轻松被牛津大学录取,谁知道牛津大学的教授在面试后认为:该学生

牛津大学一景

神灵者的殿堂——牛津大学

不具备牛津大学要求的创造潜质，拒绝了她的入学申请。人们和当地政府都十分震惊，并且由当地议会将此事反映给英国中央议会，议员们于是找到教育大臣，请他出面说情，希望给予破格录取。在被牛津大学婉言拒绝之后，教育大臣又找到副首相前去求情，还是遭到拒绝。无奈之下，副首相只得请当时出任首相的布莱尔出面疏通。虽然首相动之以情，晓之以理，但牛津大学仍然表示不能接收，理由就是一个：在招生问题上，任何人无权更改学院教授的面试结论，这是牛津大学几百年来的传统。布莱尔当然觉得很没有面子，在此后的一个私人场合，当提到牛津大学的时候，他不自觉地说了一句牢骚话：牛津大学真是太古板了，要与时俱进，必须进行改革。牛津大学的师生得知后，极为愤慨，学校立即取消了授予布莱尔荣誉博士学位的原定计划，并对政府行政干预学校事务的这一严重事件提出抗议。

大家都说，这个故事显现了大学自由独立的精神，它将载入牛津的史册。

走进科学的殿堂

铁娘子的不解之情

王者情结

玛格丽特·希尔达·撒切尔，先后获牛津大学理学士、文科硕士学位，并于1983年6月、1987年6月两次连任英国首相。她不仅是英国历史上第一位女首相，也是本世纪内执政时间最长的政府首脑。1990年11月，因政策分歧失去内阁支持，11月22日，撒切尔宣布退出保守党领袖竞选，并辞去首相职务。次年4月正式去职。

撒切尔在牛津留下了不解之情。刚进牛津大学时，撒切尔并不是很喜欢牛津大学。她是在过米迦勒节时，在十月份的阴沉和薄雾中迈入校门的。校园里那些纪念碑式的建筑物最初给她留下深刻印象的是它们宏大的规模而不是其精美的

撒切尔夫人

建筑特色。一切都显得冷冰冰的，而且有种奇怪的令人生畏的感觉。

神灵者的殿堂——牛津大学

在隆冬季节天寒地冻的日子里,她赶到了萨默维尔学院来参加牛津的入学考试。在此之前,她并没有在即将就读的萨默维尔学院里多走走看看,更不用说整个牛津大学了。她很想家,对即将开始的第一个学期也感到惴惴不安。事实上,萨默维尔学院总是给人以惊奇。许多不留心的路人根本不知道萨默维尔学院就在这里,因为就其外部结构来说,最好的评语大概只能说它是朴实无华了。但是院子里边却豁然开朗,有一大片非常漂亮的绿地,与四周的建筑遥相呼应。头两年她住在学校里,从较新的房子搬到旧一些的房子里去。不久之后,她在屋里挂起了一两张照片,再摆上一个花瓶,后来又从格兰瑟姆带回一只旧扶手椅,这才多少感觉房间是属于她的了。第三年和第四年,她就和两个朋友在沃顿街合租公寓住了。

撒切尔夫人(中)

牛津大学及其萨默维尔学院受到了战争的很大影响,虽然有一家发动机厂就在考利,那里后来还成了一个飞机修理中心,但不知道为什么,牛津一直没有遭到轰炸。不过,像其他所有的地方一样,整个镇子和大学也都实行了灯火管制(从1944年就开始实行"半灯火管制"了),而且也深受战时物资匮乏的种种影响。玻璃窗上涂了色,外面还加装了木板。另外还准备了许多固定的大贮水罐以供救火时使用,位于伍德斯托克路旁的萨默维尔东院里就有一个。配给撒切尔她们的东西大多数直接发放到学院,虽然学院食堂的饭菜单调乏味,但她跟朋友一起

王者情结

走进科学的殿堂

出去吃饭的时候并不多,她还能剩下一点餐券去买些果酱和其他的东西。这种简朴的生活也为她的健康和体型带来了一点小小的好处,因为她喝茶的时候不再往里加糖了。虽然是在许多年以后,她才放弃了喜好甜食的习惯,不再喝加糖的咖啡了(其实在牛津时也并没有许多咖啡可喝)。此外,使用热水也有严格的限制。例如,浴缸里的水不得超过五英寸深(在浴缸里大约五英寸深的地方画了一圈标记线)。她当然也严格遵守这一规定,尽管在她们家,洁净与虔诚之间的关系可不是开玩笑的小事。那时她们也没有想到过抱怨,毕竟她们还都算是幸运儿。

来到牛津后,起初撒切尔她有些自我封闭,不擅交际,因为处在一个全新的环境里她感到羞怯和不安。她仍然坚持在家乡格兰瑟姆时的习惯,独自散步走很长的路,绕着基督教堂的草坪,穿越大学的公园,沿着查韦尔河或者泰晤士河而行,享受独处和静思的乐趣。她在牛津的头几年恰逢战争接近尾声,所以她的乐趣带有新教徒的特点也许并不奇怪,这也是她从格兰瑟姆带来的。撒切尔是卫理公会学习小组的一个成员,这个小组经常举办茶会,母亲也会给她寄些糕点。周六的早晨,她还到牛津北部的"糕点厂"外面排队为周日买些茶点,通常要等候

撒切尔夫人

王者情结

一个小时左右。她还加入了由托马斯·阿姆斯特朗爵士指挥的巴赫合唱团,该团上演的节目可不光是合唱,实际内容要广泛得多。她印象最深的是在谢尔登尼安剧院演出《马太受难曲》,这个剧场似乎是雷恩专为

80

这个节目设计的。她们还唱过《伊戈尔王子》、康斯坦·兰伯特的《大河》以及霍尔斯特的《耶稣赞美诗》。有时她只是去听，而不是演唱，她听过凯瑟琳·费里尔在埃尔加的《杰隆提亚斯之梦》中的演唱。

无论是在和平时期还是战争时期，一个学生能为国家作出的主要贡献就是刻苦而高效地学习，而不是幻想着还能为国家做点其他的什么事。但是，她们还是想尽量更直接地为国家做一些事。拿她来说吧，她每周都要拿出一两个晚上的时间去卡法克斯的军队食堂里服务，来自附近的上海福德基地的英国士兵和美国空军士兵是她们的一部分主要顾客。那里闷热潮湿，双脚站得也很累，但这项工作也很有趣，那里总是人流不断，还能听到好多幽默的俏皮话。有关1944年7月诺曼底登陆

诺曼底登陆

的报道带来的是忧虑和不安：那么多她的同龄人在毫无遮掩的海滩上拼死搏杀。这也许是她第一次怀疑自己呆在牛津是否正确。实际上，欧洲战场的战争在一年内就结束了。尽管后面还有"突出部战役"和阿纳姆战役的悲剧，但社会的重心已经在慢慢地转移，人们已经开始为和平的到来作准备了。在和平时期，政治活动开始占据她越来越多的时间了。

几乎是从进入牛津伊始，撒切尔就加入了牛津大学的保守党协会。该协会由基思·法伊林在20世纪20年代发起成立的，他是基督教堂的一个导师，也是保守党的一个历史学家，后来为内维尔·张伯伦写了一本传记。当时，全国约定战争期间暂停各党派之间的政治竞选活动，而这一约定对各高校的政治活动并没有产生直接的影响，但实际上牛津的政治活动的确比20世纪30年代平静多了。尽管如此，牛津大学保守党协会的各种活动很快就成了她生活的核心。当时，牛津大学的学生辩论社经常有明星人物来辩论，辩论的话题有时是一些让人难以相信的平常琐事，有时候则是一些重要性的问题。但是这个辩论社不吸收女性会员，所以她只能偶尔去那里旁听。辩论社好像更愿意鼓励那种华而不实的机智应答，她大概永远不会成为他们那里优秀的辩才，因为她更喜欢她们保守党协会那种严肃的、法庭式的辩论。保守党协会还为大家提供了一个相识和结交朋友的网络。正像她在协会里的许多同事们描述的那样，这个协会的确起到了一个有效的媒介平台的作用。

牛津的政治活动是培养天才的摇篮，在参加这些政治活动的过程中，她也认识了一些朋友。就像安东尼·鲍威尔在他的小说中所描写的那样，随着日月的流逝，这些朋友又再次出现在她的生活中。与她关系

神灵者的殿堂——牛津大学

最为亲密的一个朋友名叫爱德华·博伊尔，他当时已经能在那个错综复杂的社会和政治圈子里游刃有余了，而她只不过是旁观管窥而已，但他们俩对政治同样有着浓厚的兴趣。爱德华是一位自由党下院议员的儿子，家里十分富有，他也很有教养。当时，他自己已经是一个典型的自由主义者了，他的政治观点与她家乡那些中产阶级的保守主义不谋而合。尽管后来他们在政见上产生了分歧，但他们一直都是好朋友，直到他最后身患癌症不幸早逝。

大学的最后一年，她认识了威廉·摩格，他很年轻时就已经是《泰晤士报》的知名编辑了。她和威廉之间始终不如与爱德华那么密切，他那比较正式的外表会让人对他产生一种敬畏的感觉，而且他似乎注定会成为更高层次的人。

撒切尔夫人

罗宾·戴是一个著名的自由党人，与爱德华一样，他当时也是牛津大学学生辩论社的领袖人物，他们后来当律师时还在同一个事务所工作过。人们有时会想，什么职业才适合牛津大学学生辩论社的这些天之骄子们呢？罗宾·戴给出了一个答案，他开辟了一个新的职业，那就是电视访谈节目主持人——后来他们经常在电视节目中相遇，也常常有唇枪舌剑的交流。

另外一位明星人物是托尼·本，那时他常常不厌其烦地使用他的全名：尊贵的安东尼·韦奇伍德·本。自始至终，他们两人在任何事情上的意见很少有一致的时候，但辩论时他总是彬彬有礼，言辞有力。他还是一个爱国者，但是当社会主义随着时代的变迁而逐渐成为过眼烟云时，他也成为一个传统的人了。不过，也许是因为有着共同的宗教信仰，他们俩也都能相互理解对方。当托尼当选学生辩论社的主席时，她还应邀参加了庆祝会。他父亲斯坦斯盖特子爵也出席了这次庆祝会，托尼严格遵守新教的教规，庆祝会上一点酒都没有。

肯尼思·哈里斯是另一个主要的辩才，他曾和爱德华·博伊尔以及托尼·本一起用了几个月的时间在美国举行巡回辩论表演，后来他在政治新闻界声名显赫。后来他们曾多次会面，特别是在他为她撰写传记期间。

作为牛津大学保守党协会的一名干事，撒切尔自然也参与了1945年的大选活动。在牛津，她一直忙于牛津市下院议员昆廷·霍格的竞选活动，直到竞选结束。此后，她又回到格兰瑟姆帮助空军少校沃思竞选，他想战胜无党派人士丹尼

撒切尔夫人

神灵者的殿堂——牛津大学

斯·肯德尔。

1945年，他们保守党人便面临着两个严重的问题，后来更是发展成为无法克服的问题。首先，工党迫使他们在和自己占有优势的问题上展开争斗，并总是能够胜他们一筹。在大约两年的时间里，丘吉尔一直在谈论战后的"重建"问题。而作为此项计划的一部分，《拉布·巴特勒教育法案》被列入了《法令全书》。此外，在竞选宣言中，她们还承诺执行1944年《就业白皮书》中列出的所谓"充分就业"的政策、一个大规模的住房开发计划、国家保险福利的大多数建议条款，这些条款是由自由党伟大的社会改革者贝弗里奇勋爵提出来的，以及一项全面的国民医疗保健服务计划。另外，他们没有能够有效地利用赢得战争胜利带给他们的好评，更不用说去讨伐工党的不负责任和极端主义了，因为艾德礼及其同事从1940年起就已经在与政府内的保守党人并肩亲密合作了。

1946年3月，撒切尔担任了牛津大学保守党协会的财务管理员。同月晚些时候，作为牛津大学的代表之一，她还出席了在伦敦的沃尔多夫饭店举行的大学保守党及工会协会联合会的会议。她非常高兴，因为这是她第一次参加这样的会议。她在发言中支持工人阶级

撒切尔夫人

王者情结

走进科学的殿堂

出身的人士更多地投身大学的保守党的政治活动中,她认为她们必须丢弃那些缺乏新意、无关紧要的保守党的观念。这并不是说她也像社会主义者(并不是很坦诚)那样,宣称要建立一个无阶级的社会,而是因为她确实觉得阶级不是那么的重要。每个人都可以为生活提供一些独特的东西,而他们的责任就是去开发这些天赋——不管是什么样的出身和背景,都可以成为英雄。正如她在那次会议上所讲的:"她们都听到过这种说法,即这是一个普通人的时代,但是请不要忘记,她们也需要非同寻常的人。"或者,她想当时要是在后面加上"女人"二字就更好了。

1946年10月,撒切尔被选为牛津大学保守党协会的主席,她是第三个担任这一职务的女性。那年夏天,她通过了毕业考试,开始她的研究项目——这是她争取化学学士学位在四年级(也是最后一年)要完成的任务。这样,她就有了稍多一些时间去参加政治活动了。比如,她平生第一次参加了那年在布莱克浦市召开的保守党大会,她很快就被吸收入党了。在格兰瑟姆和牛津,成为一名保守党员通常会让人觉得不同寻常。而现在,她一下子认识了几百个和她有着共同信仰的人,他们和她一样,也有着永不知足的谈论政治的热情。

撒切尔夫人

但是，相对于保守党在全国范围内所持的整体立场而言，撒切尔她们的这些活动的意义是微不足道的。现在看来，她们发现当时的保守党有两种战略可以选择。一种战略是与当时的集体主义和解，同时尽可能地削弱其影响力，并借助她们的机构来努力延缓他们走向左倾的步伐，为个人选择及自由企业的发展保留一些空间。或者，另外一种战略是与集体主义全面彻底地开战，努力说服公共舆论，使公众相信1945年是国家偏离既定道路的一个错误的转折点。但是实际上，保守党却试图同时走这两条路。虽然有支持向集体主义发起全面攻击的呼声，但相反的声音在当时却占据了上风，认为实用主义是保守党重新执政的最佳途径。

党内最能体现这种实用主义观点的文件是1947年5月出台的《产业宪章》。从某种意义上来说，这不是什么新政策，实际上连续性和共识性是其潜在的主题。正如在战争期间于1944年出台的《就业白皮书》代表了与凯恩斯主义，即强调两个方面的结合：一方面通过逆周期性的政府财政支出项目维持需求和就业，同时更注重正统意义上的效率、竞争性和灵活性，《产业宪章》代表了社团主义与自由经济相妥协的产物。《产业宪章》维护经济上的计划性、产业"伙伴关系"和工人的"协商"制度，但它还进一步强调减少控制、削减文官数量和适度降低税收的必要性。保守党内这两派的争议从50年代一直持续到60年代。《产业宪章》让党内两派都有话说，也使保守党得以维持统一。但是，这类文件无法让人为之振奋，对党重新夺回执政权也不会产生什么重要意义。事实上，是工党政府在经济管理方面的失败，尤其是1947年2月发生的燃料危机和1949年的英镑贬值，

走进科学的殿堂

而不是保守党的主动努力,才使得政治形势转而朝着有利于她们的方向发展。

1945年8月6日是一个极为重要的日子。当时撒切尔正在布莱克浦市看望她姐姐,从广播新闻中得知美国在广岛投下了一颗原子弹。在此之前的一段时间,人们已经知道他们的大规模杀伤性武器技术正处在突破的前夕。也许她自己学习的专业,以及她对与科学研究成果的实际应用有关的问题的强烈兴趣,让她比大多数人更加清楚发展原子弹可能导致的结果。第二年,美国出版了《用于军事目的的原子能》一书,她看了(在很大程度上也理解了)书中对有关问题的充分阐述。说起来可能算是陈词滥调了,可是当时一听到关于广岛的最初报告,她真的立刻意识到,这颗原子弹的降临"以某种方式改变了

广岛原子弹爆炸

这个世界"。或者正如丘吉尔自己在他的回忆录《第二次世界大战》中所说的那样："它加快了二战结束的进程，也许还会产生其他更多的影响。"

1946年春天，斯塔夫德·克立普斯率领的代表团到达了印度，试图与印度人就他们国家的前途达成共识。1947年夏天，政府最终批准了一个以分治为基础的解决方案。在这段时期里，撒切尔一直密切注视着事态的发展。她认为就解决方式而言，有很多应当受到批评的方面，但是这项政策的目标是正确的，是沿着使英国、印度以及更广泛的英联邦国家进步的方向前进的。但是毫无疑问，工党政府和蒙巴顿总督还想加快这一步伐。从一种悲剧的意义上讲，当时爆发的内战导致一百万人丧命，这就体现了英国的统治对保证印度的统一与和平的重要程度。

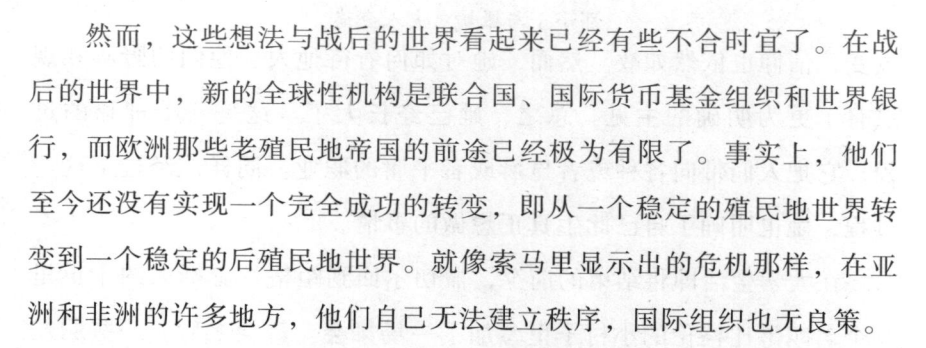

然而，这些想法与战后的世界看起来已经有些不合时宜了。在战后的世界中，新的全球性机构是联合国、国际货币基金组织和世界银行，而欧洲那些老殖民地帝国的前途已经极为有限了。事实上，他们至今还没有实现一个完全成功的转变，即从一个稳定的殖民地世界转变到一个稳定的后殖民地世界。就像索马里显示出的危机那样，在亚洲和非洲的许多地方，他们自己无法建立秩序，国际组织也无良策。

但是，当时影响英国的最为巨大的转变是苏联由原来的战友变成了死敌，这一转变对撒切尔的政治生涯也产生了影响。正如她前面说过的那样，她永远不会对共产主义怀有同情之心，但是她当时对它怀有敌意更多的是发自内心的本能，而不是源自理性的思考。

到撒切尔获得了一个二级化学学位从牛津毕业的时候，她对于这

个世界，尤其是政治方面的情况已经知道很多了，但她的性格却没有

邓小平与撒切尔夫人会谈

改变，信仰也依然如故。然而，她对如何看待他人、他们的野心和观点有了更为明确的主见。总之，她已经长大了。这是一个神秘的过程，它把人们带向各种或者显赫或者平庸的职业。同样，经过了这一过程，她也明确了自己此生真正想做的事情。

在大学生活即将结束的前夕，撒切尔回到距格兰瑟姆大约十英里一个名叫考比格伦的小村子里参加了一场舞会。舞会之后，一些朋友来到了她住处的厨房里喝咖啡、吃三明治，像往常一样，她又谈到了政治。听了她谈的一些内容，或者也许是她的说话的方式，引得一位男士问她："你真正想做的是成为一名议员，对吗？"她几乎是不假思索地回答说："对，那的确是我想要做的。"这话她以前从未说过，甚至对她自己也没有说过。那天晚上，她躺在床上心事重重，思绪

万千。

如果说进入牛津大学给了撒切尔一个震惊的话,那么离开牛津大学对她来说也是一个震惊。在牛津,她结交了许多志同道合的朋友,她忘我地在化学领域里享受探索的乐趣,满怀热情地参与校园的政治活动。现在,她要告别这一切了,这真是一种痛苦和折磨。

撒切尔夫人会见美国总统里根和夫人

为了帮助毕业生找到合适的工作,牛津大学新成立了一个职业介绍委员会。这个委员会也为撒切尔安排了几个单位的面试,其中之一是英国化学工业公司在北方的一家工厂,她想地点大概是在比灵赫姆吧。几位经理对求职者中她们几个有希望被录用的人进行了面试,并把面试的书面意见交给了总经理,由总经理对她们进行最后的面试。给她写的书面意见就放在面试时的桌子上,她能够阅读颠倒的文字,于是便忍不住利用她的特长从桌子对面偷看了一眼。给她的评价有的

走进科学的殿堂

让她备受鼓舞，有的却令她感到不安。其中有一位经理写道："这个年轻的女孩子个性太强，不适合在我们这儿工作。"除此之外还有其他的公司，她一共参加了三四次面试，尽管最后都没有成功，但这些公司她还都比较喜欢。不仅是因为她能够进入一个新的工业世界，还因为那时负责面试的考官都彬彬有礼，对每个应聘者个人的抱负和雄心都很感兴趣。她最终被BX塑料公司录用，在他们的研究开发部工作。这家公司就在离科尔切斯特不远的曼宁特里，生产全系列的工业和民用塑料产品，包括制造胶卷用的胶片。

很少有人会喜欢一项新工作的开始阶段，这一点她也不例外。当初面试时，她理解她的职位大概是研究开发部主任的私人助理。她一直期望得到这个职位，因为她想这样她就能更多地了解整个公司是如

科尔切斯特小镇

何运作的,还可以施展她在化学知识之外的才能。但当她到公司报到上班时,公司却说那个职位并没有足够的工作要做,于是她又重新穿上了白大褂,再次沉浸到了精彩的塑料世界里。公司的研发部作为一个独立的部门刚刚成立,成立之初肯定会有很多麻烦,而她的工作也是如此。但是到了1947年的圣诞节前夕,她也有了一两个朋友,一切变得容易多了,她的上司也一直在帮助她。后来,研发部搬到了位于劳福德附近的一幢相当漂亮的独立建筑里。像公司的许多同事一样,她也住在科尔切斯特。她越来越喜欢这个小镇,她在镇上找到了舒适的住处,每天和同事们一起乘一辆巴士到劳福德上班。

丹尼斯·撒切尔爵士,第一代从男爵,前首相撒切尔夫人的丈夫。丹尼斯在伦敦刘易舍姆出生,是新西兰出生英国商人汤马斯·贺伯特·撒切尔和妻子凯瑟琳·伯德玛格丽特的长子。截至2007年,丹尼斯是迄今最后一位获得世袭爵位的非皇室成员。

玛格丽特和丹尼斯·撒切尔的故事还是一个旧式的爱情故事,它关乎忠诚、尊重和诚实,关乎两个被共同的价值体系联系在一起,却又具有完全不同人格的人。24岁的玛格丽特·罗伯茨和丹尼斯·撒切尔初次相遇是在一次离伦敦不远的小地方达特福特举行的餐会上。1949年,当时这位殷实的商人34岁。

晚餐会结束后,丹尼斯开车送撒切尔回伦敦,以便她能赶上半夜开往科尔切斯特的火车。夜里车开得快,那段时间并不太长,但却足以让她发现他们俩还有很多的共同点。丹尼斯酷爱读书,尤其喜欢读历史、传记和侦探小说。《经济学家》和《银行家》杂志上的每一篇文章他好像都读过,并且,他俩都喜欢音乐——丹尼斯喜爱歌剧,而她则喜欢合唱。

从那以后，他们多次在选区内的一些活动中见面，并且开始在其他场合频频相见。他风格独特，很有闯劲，还喜欢开速度快的"美洲豹"汽车。丹尼斯比撒切尔大10岁，知道的事情也比她多。最初的几次见面，他们谈论的多是政治问题。后来，随着见面的次数越来越多，他们也开始偶尔去看看演出并且一起吃饭。与其他的恋人一样，他们也有最喜欢的一些餐馆：一般约会是在索霍区的一个意大利面食店，有特殊意义的约会则去位于菲茨罗维亚的"白塔饭店"、泽迈街上的法国餐馆以及"常春藤饭店"。丹尼斯的细心体贴让她非常满意。就在她第一次参加达特福德的选举之后的那个圣诞节，丹尼斯送给她一个非常精致可爱的礼物，那是一个水晶粉做的小碗，上面还有一个银色的盖子。那是她第一次觉得丹尼斯对她可能是认真的，她一直珍藏着这份礼物。

他们本来可以更快结婚，但由于她忙于政治活动，而他则喜欢橄榄球，所以星期六他们总是没有时间约会。为了对此进行弥补，他对她在选区内的工作提供了极大的帮助——有问题就立刻解决，所有的后勤问题他都包了。实际上，他向她求婚以及他们订婚这两件

撒切尔夫妇

神灵者的殿堂——牛津大学

事无意中也在政治上帮了她的忙。因为就在选举的前一天,贝丽尔·库克在没有告诉她的情况下把她已经订婚的消息透露出去了,她是希望能最后再助她一臂之力。

丹尼斯向她求婚之后,她认真地考虑了很长一段时间。当时她在政治上投入了那么多的精力,所以真的还没有把婚姻问题列入她的计划。因此,她想先把这个问题往后放一放,等到将来某一天可能会自然地水到渠成。丹尼斯在二战期间结过婚,后来又离了,所以她也知道他向她求婚也肯定是经过深思熟虑的。她考虑得越多,心里就越有把握:只有一个可能的答案。她一直坚信当时决定说"行"是她一生作出的最正确的决定之一。她的爱情和家庭给予了她政治上取得巨大成就的力量和后盾,让她更加坚强和执着,成就了她辉煌的人生。

撒切尔作为一名伟大和成功的女性,牛津给了她成长的沃土,她的性格使她不懈追求。同时,她美满的婚姻为身为女性的她增添了别样的成就感和满足感。

撒切尔夫人

王者情结

走进科学的殿堂

美国前总统克林顿的一生情思

王者情结

威廉·杰斐逊·克林顿1946年8月19日生于美国阿肯色州霍普镇。在他出生前3个月，他的父亲，威廉·布莱茨就去世了。在他幼年时，他的母亲改嫁，与诺杰尔·克林顿结婚，所以他的姓就变成了克林顿。

1962年，克林顿作为阿肯色州学生代表，到首都华盛顿出席全国青少年团体代表大会。1963年夏，克林顿赢得了一项重要的比赛，于是他获得了一次前往华盛顿的机会，亲眼目睹了在白宫中的肯尼迪总统。也就是在那个时候，他下定决心要成为一名美国总统。1964年，克林顿高中毕业后考入乔治敦大学，主修外交专业。在乔治敦大学，克林顿虽然是有名的"校园政治家"，但他一刻也没

克林顿

神灵者的殿堂——牛津大学

有放松过学习。他明白自己是一个没有政治背景和经济背景的平民，要想实现自己的理想，唯一的希望就是靠自己的努力。克林顿毕业之后回家乡稍作休息，便将踏上新的征途——到牛津大学深造。1968年，克林顿大学毕业，获国际政治学学士学位，并考取罗兹奖学金赴英国牛津大学学习。克林顿在牛津大学上的两年大学，由于越南战争引起的征兵问题，以至最后没拿到学位。1970年夏末，克林顿收拾好行装来到了纽黑文，在耶鲁大学攻读法律。在这期间，他认识了自己的终身伴侣——希拉里。1974年，克林顿和希拉利在耶鲁法学院毕业后，拒绝了在首都的诱人职位，选择回家乡工作。

越南战争

关于他回家乡工作，有一个精彩的故事作为纪念。

克林顿说："请问你是怀利校长吗？我叫克林顿，我是阿肯色州人，我刚毕业于耶鲁大学法学院。听说你们需要教师，我愿意去你们学院教

走进科学的殿堂

一年书。我什么课程都能教，而且不在乎什么工作，我也不追求什么稳定的工作，所以，如果你觉得我不合适，你随时都可解聘。"

可见，克林顿很早抱定高尚的信念。他要回到家乡去为贫困的家乡人民服务，去改造那里贫困的面貌。正是这种信念使克林顿甘愿放弃法律事务所的工作，拒绝首都很诱人的职位，只身回到小石城，做一名普通的大学教师。也是由于这种信念使他忘我工作，为以后涉足政坛打下了良好的基础。

1976年，克林顿参加州司法部长的竞选，轻松获胜。1978年，克林顿经过深思熟虑，决定参加阿肯色州州长竞选，最终击败4名竞争对手，成为美国第二位最年轻的州长。1980年对克林顿来说，2年的州长任期即将届满。此时，他可爱的女儿也降生了，这给克林顿的记忆增添了最美好、最难忘的一笔。然而，1980年大选之夜，34岁的克林顿输给了竞争对手，第二次参加竞选以失败告终。1982年11月，经过两年痛苦的沉寂与反思，克林顿再次回到竞选场上，以压倒性优势击败对手，一扫上次竞选失败的耻辱。1990年秋，克林顿再次当选州长，开始了他第五任州长的任期，并兼任民主党领导委员会主席。1991年10月3日，克林

王者情结

比尔·克林顿

顿经过周密思考，正式宣布参加即将到来的 1992 年美国总统的竞选，踏上了问鼎白宫之路。最终，克林顿以平民身份成为美国历史上第 42 任总统，是美国历史上最年轻的总统之一。1996 年 11 月 5 日午夜，美国四大电视网同时打出了克林顿的名字，克林顿如愿继续执掌白宫，不仅成为美国历史上继杰克逊、威尔逊和罗斯福之后第四位连任的民主党总统，而且成为 20 世纪最后的一位美国总统。

克林顿在任满两届总统之后，2001 年 1 月卸任了，他终于将权杖交给了新任总统布什。令人称奇的是：在当选总统之前，克林顿已干了 10 年的阿肯色州州长、两年的州司法部长等职。如此年轻而又如此履历，在美国历史上绝无仅有，故有人称之为"克林顿现象"。

克林顿的夫人希拉里·克林顿是一位知名律师。2000 年 11 月 7 日她当选纽约州联邦参议员，成为美国历史上第一位当选公职的第一夫人。据说，大学时代的希拉里常因衣着朴素落伍而显得不合群，带着厚如瓶底的眼镜，自嘲："瞎得像蝙蝠。"就算要嫁给英俊的比尔·克林顿那天，也改变不了她对打扮的无知——她母亲在婚礼将要举行时才发现希拉里这位准新娘连结婚礼服也没为自己准备，是丈夫竞选州长和总统后才让她摘掉眼镜、染了头发、穿上了得体的名牌套装。就在丈夫传出丑闻的日子里，她为自己建立的魅力形象也毫发无伤，以至于被美国的《VOUGE》看上，当上了封面女郎。

当丈夫参加美国总统竞选时，希拉里·克林顿刚过 40 岁，事业正处在巅峰时期，是美国最出色的律师之一。而为了丈夫的事业，她不得不结束自己的律师生涯，做起了备受瞩目却不断引起争议的美国第一夫人。

走进科学的殿堂

克林顿拥有太多不同寻常的故事。他虽是一个出生卑微的遗腹子，却全凭个人奋斗登上了美国政治权利的顶峰。他的八年总统任期几乎都是在与对手的政治斗争中度过，却取得了美国历任总统中仅次于林肯和肯尼迪的政绩。他几乎因性丑闻遭到弹劾，却仍然是一位举世公认的偶像式魅力人物。

白水事件是美国一件政治丑闻，发生在克林顿的第一个总统任期。1978年，当时同为律师的克林顿夫妇与朋友花了20万美元在阿肯色州的白水河畔买了一块230英亩的地皮，办起了专营房地产生意的白水开发有限公司，后白水公司于1991年宣布破产。而为克林顿提供资金的麦迪逊银行1989年已倒闭，使负责银行存款担保的联邦政府损失巨大，因而克林顿遭到调查。在此过程中斯塔尔还转而集中调查克林顿的私生活，因此克林顿与白宫前实习生莫妮卡·莱温斯基传出不正常关系。1998年8月17日，克林顿发表电视讲话，承认这一传闻。

1998年9月9日，斯塔尔向国会提交了长达445页对克林顿总统的调查报告和36箱附件。报告中称有11项可能构成弹劾克林顿的依

克林顿

王者情结

据。其中最重要的是克林顿在大陪审团面前撒谎，犯有做伪证罪。1998年10月8日，众议院经过激烈辩论，以258票对176票通过决议，授权众院司法委员会对克林顿正式弹劾调查。克林顿成为美国历史上第三位受到弹劾调查的总统。1998年11月，克林顿与琼斯达成和解，同意给她85万美元作为赔偿。克林顿和琼斯在打了4年的官司之后，达成了一项最终解决问题的协议。1998年12月12日，由共和党委员占多数的众院司法委员会不顾民主党委员强烈反对，通过了四项弹劾克林顿总统的条款。

1999年1月7日，参议院正式开始对克林顿总统的弹劾审判，但弹劾的两项表决都没有达到宪法规定的对克林顿定罪和免职的票数，参议院审理克林顿弹劾案宣告结束。2月12日，参议院否决弹劾克林顿。虽然事件得以平息，但克林顿在这场丑闻风波中经受了人生的巨大考验，也使他感到有些疲惫。

克林顿对牛津大学情有独钟，而牛津大学对克林顿也不薄，不但邀请他担任客座教授，还慷慨地接纳了他们夫妇俩的千金切尔西。双方的关系还因为牛津老校长詹金斯不幸去世，牛津校方还很希望克林顿参加下届校长竞选迈上一个新台阶。

当时，克林顿担任牛津大学校长这一提议在牛津大学得到巨大的支

希拉里和克林顿

走进科学的殿堂

持和响应，牛津多位校领导都一致同意这一任命。而对于担任这所誉满全球的大学的名誉校长一事，克林顿的发言人曾表示，总统与牛津是有很深的"历史渊源"的。他60年代曾在牛津留学，1994年又再获该校颁发的荣誉博士学位。

在牛津大学，"校长"实际上是个名誉头衔，不具有行政实权。另外，牛津校长是终身制职位，一朝当选便一生享此殊荣。牛津大学名誉校长一职传统上多由资深政治家担任，而不是学术权威，其主要职责是提升学校的声望及为牛津募来捐款。名誉校长所履行的是一个礼仪性角色，就如同牛津大学的大使，对外代表牛津大学及其利益。

积极筹划此事的牛津大学的领导也认为，对于这一职位，克林顿总统是一个十分合适的人选，相信他能在牛津的诸如募集资金等事务上作出奇迹般的贡献。牛津大学的一位院长说，维持牛津的国际地位十分重要，由克林顿来出任校长是再理想不过的了。另一位院长也称，牛津需要一名有国际名望的领导人。支持克林顿出任校长的人士认为，出身牛津的克林顿既有良好的学历，又有国际声望，不但能胜任校长一职，更能为学校募来大笔款项。

比尔·克林顿

现在，虽然克林顿已经退休，并且也在变老，但是克林顿其人和他的特别之处已经被人们深深记住。

克林顿本人是一位颇有艺术细胞的总统，他吹奏萨克斯管的"艺术形象"已深入民心。在费城的一座大礼堂他就曾上演了一出"纯属巧合"的小插曲：上午民主党代表大会刚在这里结束，下午百老汇一出名为《音乐人》的音乐剧就在此彩排，其中就有萨克斯乐手从礼堂的走廊鱼贯而出走上舞台的场景。尽管会议组织者事后解释，这两件事情"风马牛不相及"，但大多数普通美国人却认为这和克林顿的"音乐情结"十分吻合。众所周知，克林顿在上中学时曾组建过一支乐队，并亲自演奏萨克斯管。当年不谙世事的他正是凭着自己的音乐天赋才有幸前往华盛顿，并得到时任总统肯尼迪的接见。也正是从那时起，克林顿开始和其他美国少年一样，做起了总统梦。即便后来当上了美国总统，克林顿依旧和演艺界、特别是演艺圈的影星们关系密切，从而成为美国历史上和好莱坞关系最"铁"的总统。

初涉政坛时，人们对克林顿的印象只不过是一个来自美国偏远的阿肯色州小石城的"乡下人"，他除了会吹奏萨克斯管以外，在政治上不会有很大作为。但出人意料的是，克林顿在政坛上干得有声有色，而且在美国总统宝座上稳坐8年之久。尽管他并不是第一个连任的美国总统，但他在两届任期内，美国经济所表现出的持续攀高却是前无古人。1992年克林顿就任总统时，美国经济正处于黯淡期，失业率高，商业消费能力萎缩，国民士气低落，全国一片抱怨之声。这位美国历史上年轻的总统带着一份活力与朝气踏进白宫，从此，他那副平民化的笑容就成了美国经济欣欣向荣的代名词。就任时克林顿曾经说过："世界需要

王者情结

走进科学的殿堂

一个强大的美国,而造就一个强大的美国根源来自国内。"他做到了,国内经济的快速攀升成为他任职期间的最大成就。在他的任期内,美国经济不但保持了最长的持续增长期,而且失业率和犯罪率也明显降低。在他的任期内,美国在航天技术、生物基因工程以及互联网领域所展示出的实力都是其他国家无法望其项背的。

克林顿

20世纪90年代兴起的技术革命之风,不仅激发起了克林顿对经济的浓厚兴趣,同时也使他在制定各项政策方面有了显著的进步。根据目前保守的估计,克林顿在1992年参加总统竞选时的许诺有95%已经兑现。通过提高收入调节税增加大学助学贷款、保持美国经济空前繁荣而且没有下滑趋势、扩大享受美国福利待遇的民众范围……克林顿对社会底层人民疾苦的了解是通过亲身感受这些人的所思所想,体会他们最脆弱和需要帮助的一面来实现的,而不是只看他们生活的表面情形。这种

神灵者的殿堂——牛津大学

独特的行事方法就像美国人在谈论成功推销员时说的一句话：他简直就像是我牙齿上的一颗木莓种子。

　　总统这个特殊而又带有一丝神秘色彩的角色，常被人比喻成类似希腊神话人物普罗狄斯（希腊神话中变幻无常的海神，抓住它的唯一方法就是把它紧紧攥在手里，而这几乎不可能办到）式的人物。克林顿不仅在行动上常出人意料，而且经常变幻莫测。对于一个政治家来说，这其实是件好事，因为既体现了他的办事效率，而且与当今信息无国界、高速发展的时代风格相吻合。

美国前总统克林顿观战南非世界杯

　　回想起 1988 年克林顿竞选阿肯色州州长时，他对自己政治蓝图的描绘还仅仅是"构筑起通往 21 世纪的桥梁"。谁能想到，如今的克林顿不仅为美国人设想了美好的 21 世纪蓝图，而且还为家乡小石城的总

走进科学的殿堂

统图书馆规划了图纸呢？克林顿虽然曾在私底下多次对希拉里表示，自己这8年只是充当了一个"过渡性角色"。但不能否认，在通往真正信息时代的旅程中，克林顿的"过渡角色"将会成为一个"转折性角色"。尽管他并不是一位计算机网络的行家里手，但他一直扮演着一位孜孜不倦的"乘务员"的角色。

作为平民总统，克林顿也有烦心事。当然，要充当"变幻无常"的角色没有一些思想和勇气是不行的。1992年，克林顿不但面临来自各方对他婚姻生活不忠和躲避兵役的指责，而且几乎放弃竞选。一直把自己比喻成永不认输的战士的克林顿曾表示，"即使只剩下最后一只狗，我也要战斗到底！"没错，也正是凭借这样的信念，克林顿才最终成为入主白宫的真正赢家。

王者情结

美国白宫

克林顿在任职期间，逐渐形成了具有独特风格的克林顿主义。克林顿主义是一种极度崇尚人权的思想，认为人权至上，人权高于主权，人权无国界，极力将人道主义干涉合法化。"克林顿主义"并非是对美国军事干预科索沃危机政策的"事后总结和概括"的产物，而是克林顿政府执政七年多来美国对冷战后国际形势变化的"政策反应"和谋求

科索沃战争

对世界事务的"未来规划"。1993年1月21日，克林顿入主白宫不久就抛出了带有"克林顿色彩"的对外政策构想，即"三大支柱"和"扩展战略"。其中心思想是，美国作为冷战后唯一的超级大国"必须担负起领导全世界的责任"，"在全世界推进美国的价值观和促进美国的利益"。"克林顿主义"这个词也随之开始出现于美国报刊媒体。

走进科学的殿堂

1993年6月1日，国务卿克里斯托弗在华盛顿向记者解释克林顿新政府的对外政策问题时称，"美国必须在世界上发挥领导作用，这就是克林顿主义的核心。"尽管当时的"克林顿主义"已有了"核心思想"，但还只是一个"轮廓性的东西"。不过，美国《华盛顿时报》的一篇文章引用了克林顿在访问欧洲时的一段演说："民主、宽容和人权必将在各地取得胜利。因为，如果冲突和难民、犯罪和恐怖主义任意越过国界，那么任何国家都不会安全，任何繁荣都不会稳固。"克林顿的这段话是

王者情结

清华大学

他在欧洲之行中一再表达的主题——"科索沃式的干预思想"，即今后美国和北约需要采取类似军事打击南联盟的这种方式，干预全球范围的有关涉及"民主"、"人权"、"人道主义"等危机和恐怖主义活动。这

一思想似乎也成为"克林顿主义"的核心。

"克林顿主义"有三个重要特征。首先，它的战略思想基础是"扩展民主论"。在全球"扩展民主"是克林顿主义的主要内容和典型特征之一。1993年9月，克林顿在联大阐述他的"扩展民主论"思想时说，"在冷战期间我们试图遏制对自由制度生存的威胁。现在我们试图扩展生活在自由制度下的国家的圈子。"

"克林顿主义"的第二个重要特征是在全球范围内进行积极的对外干预活动。冷战后美国全球战略的制定是建立在两个重要概念和判断之上的，即美国面临的"安全威胁多样化"和"广泛的国家利益"，为此，美国必须进行积极的对外干预。如果说加大对外干预的力度是克林顿执政后期的一个明显特点，那么科索沃战争是"克林顿主义"对外干预政策的一次"新尝试"。所谓"新尝试"，指的是这次美国是以"人道主义"和反对"种族清洗"的名义大动干戈的，它对美国扩大对外干预制造了新的借口和依据。

加强美国"超强"军事实力，强化欧亚两翼军事同盟体系，实施经济制裁，进行积极的对外干预活动，是克林顿主义又一鲜明突出的特征。

克林顿

克林顿主义的产生并不是偶然的，它是冷战后美国企图称霸全球野心急剧膨胀的产物。从当前美国"一超

走进科学的殿堂

独大"，国际上缺乏对美国推行强权政治与霸权战略的有力制约来看，美国奉行"克林顿主义"，频繁进行对外军事干预的势头不会减弱，而只会加强。

2001年1月，克林顿卸任。2003年10月，克林顿应中国人民外交学会邀请访华，并在清华大学就艾滋病等问题发表演讲。2005年4月，克林顿出任联合国海啸救灾特使。2009年5月19日，联合国秘书长潘基文任命克林顿为联合国海地事务特使，同年6月正式就职。作为特使，克林顿的年薪是象征性的一美元。

王者情结

精英风采

纽曼的大学理念

在19世纪中叶，牛津大学兴起了有关大学理念的讨论，其中最有名的代表人物便是约翰·亨利·纽曼。纽曼（1801—1890年）是19世纪英国维多利亚时代的著名神学家、教育家、文学家和语言学家。纽曼在1816年12月进牛津大学三一学院学习，毕业后在牛津大学奥利尔学院担任教师，后来担任大学教会牧师，参与发起过著名的牛津运动。

约翰·纽曼

1852年，纽曼当选为都柏林新成立的天主教大学校长，并发表了著名的关于大学理念的演讲。纽曼的基本大学理念是：大学是探索普遍学问的场所，是传授普遍知识的场所。纽曼的大学理念实际就是牛津大学的办学理念。牛津大学史学者谢尔顿·罗斯布莱特指出："纽曼的大学理念，既是英国的大学理念，也是牛津的大学理念。但是，由于纽曼时代存在着几种相互对立的牛津大学理念，或者更准确地说在大学理念这个共同关心的主题上存在着不

走进科学的殿堂

同的看法。因此,如果说纽曼关于牛津大学的理念是对他19世纪20年代学院生活的回忆,也许更准确些。"其实,早在19世纪初,牛津大学林肯学院院长爱德华·塔汉姆就提出"大学是探索普遍学问的学府",大学也是传播普遍知识的场所,并认为传授普遍知识是大学的第一个也是最重要的职责。塔汉姆的这种理念在19世纪上半叶的牛津大学具有一定的代表性。纽曼的大学理念实际是19世纪中期以前在牛津大学占主导地位的理念。

1851年,纽曼应邀出任新创办的都柏林天主教大学校长。1852年,他在都柏林为宣传这所新办的大学作了一系列演讲。这些演讲后经修改,再加上他在其他场合所作的有关大学教育的演讲,合成《大学的理想》一书。本译本根据亚德利编的节本译出,该节本选录了原著中的几

都柏林风景

篇演讲及其他一些演讲中的精彩章节。《大学的理想》是西方高等教育史上较早系统、综合、全面地论述大学教育的基本理论问题的名著。

纽曼把整个论述的逻辑起点建立在他对大学的性质所作的解释，以及他对所有的知识构成一个完整的整体的认识基础之上。他从词源学的角度认为，"大学是传授普遍知识的地方"，他主张大学应平等、完整地传授各种知识。据此，他认为大学的目的是两方面的。首先，大学教育是理智的，而非道德的。大学教育的目的是理智训练和发展人的理性。其次，大学教育重在传播和推广知识而非增扩知识。综合这两方面，他认为大学教育应在传授知识的同时，更要注重培养学生的理智能力。既然大学应以传授知识、培养理性为己任，那么传授什么知识，如何培养理性便是问题的关键。他认为大学教育应提供普遍性的知识（具有普通意义的真理）和完整的知识（不能把神学排除在大学教授的知识之外），而不是狭隘的专业知识。他所说的知识既包括具体的科学真理，也包括经过抽象、被科学化了的哲学知识。他认为："知识是一种心智状态和条件"。因此，追求知识必然是一种精神追求，而精神追求的最大目的也在于精神本身。所以他主张，"知识本身即为目的"。大学只有把哲学知识包括在其传授的知识范畴之内，并且为知识而知识，才能更适于理智培养。在对大学的功能定位上，他明确提出科学研究与教学相分离。既然大学是传授普遍知识的地方，大学就应为传授知识而设，为学生而设，以教学为其唯一功能。对教学功能的强调，实际上意味着纽曼对牛津、剑桥等老牌大学的学院制的看重，只是他的谈论重点在知识，因而几乎看不到他对学院制的论述。总之，在他眼里，大学的存在既不是为了使人变得有学问（非研究性），也不是为了工作作准备

（非专业性），也无法使人变得崇高神圣（非道德性），而是为获取知识作准备（为知识而知识的理性）。大学的真正使命是"培养良好的社会公民"并随之带来社会的和谐发展。纽曼在第二至第四篇演讲中表明了上述立场，他实际上是在驳斥为中产阶级建立只提供专业教育的世俗大学的功利主义思想。他依据所有知识构成一个整体以及大学是传授普遍知识的地方这两点，认为大学若不把神学包括在内，不传授普遍知识，那就不能称其为大学。

基于这样的认识，他认为大学教育应为自由教育而设。纽曼所说的自由教育是"心智、理智和反思的操作活动"，以心智训练、性格修养和理智发展为目标。自由教育的具体体现，是集智慧、勇敢、宽容、修养等于一身的绅士。为知识本身的目的而追求知识，是进行这一教育的重要途径。他反对在大学里进行狭隘的专业教育，用他的话来说，"知识按其程度变得越来越特殊时，知识就越不能成其为知识"。换言之，一个人如果掌握的知识越具有特殊性和经验性，那么他就越没有知识，教育就越不是自由的。他运用"好"与"实用"两者的关系，来论证自由教育与专业教育之间的关系。"实用的并不总是好的，但好的却必定是实用的。"由于自由教育的目的是理智培养，而"理智培养本身是好事，并且是其自身的目的"，因而也是一种实用的教育。尽管"实用"与"好"分属于工具层面与价值层面的概念，但两者是可以统一起来的。自由教育与专业教育的培养目标并不矛盾，因为自由教育培养的人有能力马上从事相关的科学和专业工作。纽曼的自由教育思想虽不以追求功利和实用为目的，但并不否认其功利性和实用性，是对功利主义教育观的有力反驳。

神灵者的殿堂——牛津大学

为了实现这种自由教育，除了必须坚持为知识而知识的原则外，他主张学生"应真实主动地进入知识领域，拥抱它、掌握它。还必须行动起来，半道迎接迎面而来的事实……你不是仅仅来听讲座或读书的，你是为了问答教学而来的。这种教学存在于你与教师之间的对话中"。他的理想大学中的学生，不仅要主动、积极、开放、交互式地进行学习，还要用普遍联系的观点去掌握知识。他主张在新旧知识之间建立联系，通过分析、分类、对照、协调、匹配、整合等手段，使新知识真正内化为学生整个知识体系的有机组成部分，真正实现学生的才智增长。由于学生"不可能攻读每一门向他开放的学科"，为了实现大学应提供普遍的与完整的知识的教学目标，他主张使大学成为"教育场所"而不是"教学场所"，也即让学生生活在"代表整个知识领域的人之间"，强调学生在一种洋溢着普遍知识的益智团体氛围中进行自我教育。

牛津大学风景

纽曼曾在牛津生活了近30年。牛津的精髓——学院制、寄宿制、导师制，构成了他的大学理想的重要内容。此外，他的宗教生涯也极大地影响了他的大学理想。纽曼曾是英国国教徒，后于1845年皈依罗马

走进科学的殿堂

天主教,他对当时新兴的大学和学院把神学排斥在外的做法很不以为然。他在前言中指出,大学相对于教会是独立的。但如果离开了教会的帮助大学就不能充分地完成其目的,因为教会对实现大学的完整性是必要的,神学作为宗教真理应是这种完整的知识体系的一个不可分割的组成部分。宗教的介入非但不会改变大学的特征,反倒会使大学在履行其智育职责的过程中表现得更稳健。在第九篇演讲中,纽曼讨论了宗教对大学的责任,认为大学为实现其目的就应接受宗教的道德影响,他还讨论了应如何恰当地施加这些影响。这里,纽曼虽然过分强调了宗教在大学教育中的作用以及神学在整个知识体系中的作用,但也可以看出他的大学自治的思想。实际上,当他意识到教皇任命他为都柏林天主教大学校长只不过是让他把大学变成一座受到精心保护的天主教温室时,他毅然辞去了校长职务。

纽曼充满激情、合乎逻辑的雄辩没有挽救英式传统大学理想的命运。一方面纽曼的大学理想本身带有时代和个人的局限性。在大学职能方面,他主张把科学研究排斥在大学之外,没有看到科研与教学相互促进的积极一面,从而未能像洪堡那样对教学与科研的关系作出较为全面和积极的评价。在大学如何处理自由教育与专业教育的关系问题上,纽曼完全站在自由教育的立场上,而没有结合专业教育本身进行综合考虑,忽视了发展变化中的社会现实的实际需要,未能对科学革命作出积极的反应。即使就自由教育本身而言,他也十分看重古典学科,特别是文学的学习,把自由教育严格地限制在理智培养上,而把美德的培养排斥在外(在他看来,良知与美德只能来自宗教)。在对大学的制约因素方面,他夸大了教会的影响,忽视政府的作用及与社会的联系。在方法

神灵者的殿堂——牛津大学

论上，纽曼的许多教育思想以假设为起点，他对"大学"一词的可能的词源学解释构成了他立论的基础，对自由教育与专业教育的关系的论述建立在"理智培养本身是好的"这一假设基础上，直接影响了其思想的可信度。另一方面，纽曼写作《大学的理想》的时候，高等教育的世俗化与专业化已是大势所趋，加之新的大学理想已在德国形成，且被广为效法，对此纽曼并不是不知道。他的大学理想只能在传统、现实与希望这三者之间寻找某种平衡。

纽曼的大学理想涉及大学的性质、目的、功能，大学教育的原则、方法和内容，自由教育与专业教育的关系，大学与教会的关系等等。他的大学理想是一种代表了经典自由教育哲学的大学理想，具有丰富和深刻的思想内涵。正因为如此，他的大学理想才具有如此顽强的生命力，以至《大学的理想》在出版一百多年后的今天，仍对世界高等教育的发展有着积极的影响。经过八百多年的发展，大学已走出"象牙塔"，从一种社会边缘机构演变成一种社会轴心机构，成为"人类社会的动力站"。

洪堡大学

精英风采

走进科学的殿堂

纽曼是19世纪自由教育的伟大倡导者。在他写作《大学的理想》时，构成自由教育的传统政治、经济和文化基础开始发生变革。始于18世纪末的法国和美国的政治革命，宣布人人都应有政治自由。英国工业革命的兴起，使得人人都能从业，且闲暇时间日益增多。随着社会的进步，宗教社会的影响力逐渐减弱，科学的社会地位和影响逐渐上升，科学知识精英开始取代传统的宗教知识精英成为社会的主导。为了顺应这些变化，维护本阶级的利益，英国资产阶级把目光投向了高等教育。但以牛津和剑桥为代表的英国大学固守传统，注重理性培养和性格养成，排斥科学教育。为了扭转这种局面，英国大学采取了一条迂回的发展道路，在传统的大学之外建立专门实施科学教育的新大学和学院，出现了所谓的"新大学运动"。这些新大学效仿苏格兰的大学模式，以市场为驱动，具有收费低、入学要求低、不要求学生住校、排斥宗教教育、不注重知识的整体性等特征。这些新大学的产生危及英国高等教育几百年来形成的古典人文主义的教育传统，使传统的英式大学理想受到了严峻的挑战。与此同时，以斯宾塞和赫奇黎以及爱丁堡评论派为代表的功利主义和科学主义的倡导者，

精英风采

斯宾塞

神灵者的殿堂——牛津大学

不断抨击牛津和剑桥的保守和封闭，要求这两所大学进行改革，废止宗教考试，把自然科学成果吸收到大学教育的内容之中，设置自然科学的课程，并建立科学实验室。英国传统的大学理想已岌岌可危。正是在这样的背景下，纽曼以人文主义者的身份，全面、综合地对大学教育的主要问题进行了理性的思考。

精英风采

走进科学的殿堂

无声强者迷茫于此

精英风采

梅达沃1939年获牛津大学文学硕士学位,1945年获牛津大学理学博士学位,1938—1947年在牛津大学工作。梅达沃作为一个科学家,他的兴趣很广泛,包括歌剧和哲学。他的主要著作有:《独特的个人》(1957年)、《男人的未来》(1959年)、《艺术可溶性》(1967年)、《希望取得进展》(1972年)、《生命科学》(1977年)、《冥王星的共和国》(1982年)和自传《回忆录》

彼得·梅达沃

(1986年)等。其中以随笔集《给年轻科学家和忠告》和《科学的限度》等著作闻名于世。

后来,梅达沃上了牛津大学,父亲在儿子第一次放长假回到里约热内卢时,送给他一套歌剧节联票,这使梅达沃在里约热内卢度过了几个狂热的歌剧之夜。他完全被瓦格纳的歌剧深深迷住了,并被瓦格纳恶魔似的技巧和夸张手法折磨得死去活来,几乎分不清哪个是真实的现实世界，哪个是梦中的虚幻世界。他的思绪便在歌剧演绎出来的现实与虚幻的世界里来回游荡，他的想象力也在激昂的歌剧中得到了延伸和扩张。

音乐的空间充满了无穷的想象力。梅达沃对音乐的爱好无形当中起到了开发智力的作用，他思维的无所顾忌和大胆活泼得益于跌宕起伏、高亢嘹亮的歌剧。歌剧使他的想象力异常活跃，考虑问题时绝对不拘泥于常规。早在小学时，他已经能够运用丰富的想象力为同宿舍的男孩每夜讲一个戏剧性的故事或一个精彩的喜剧。这些故事和喜剧当然都是他自己即兴瞎编的，但每个听故事

彼得·梅达沃

的人都只是和他一样的10岁左右的孩子。还没有人预见到梅达沃将来会成为一个诺贝尔奖得主，否则把梅达沃的故事和喜剧记录下来，如果又被梅达沃听到了，也是极有趣的事情。

梅达沃认为自己在马尔伯勒公立中学的四年生活并不愉快，却遇到了一位好老师朗兹。朗兹拥有博士学位，虽然自己的研究无甚特色，却能发现梅达沃的优点和天赋，把他引入到生物学领域，达到痴迷的程度。也因为老师的影响，梅达沃成了牛津大学学费昂贵的马格达伦学院的自费大学生。

走进科学的殿堂

牛津大学有着投资巨大、非常奢侈的教育制度，导师和学生的比例达到1∶1。在大学里，梅达沃又遇到了一位令人欣喜的名叫杨的好导师。导师的职责不是单纯地传授知识，而是通过训练扩大学生的思维能力。梅达沃心目中的好导师是"能以自身的威信激励学生令他满意并得到他的赞扬，同时非常注意充分发挥学生的所有能力，帮助学生得到他能够得到的最好成绩"。有趣的是，梅达沃因为得了阑尾炎，同时认为"学位既不能给我目标也不值多少钱"，所以放弃了博士学位的申请。没有正式博士头衔的他却因为后来的突出成就成为包括剑桥大学、哈佛大学、牛津大学等在内的近20所大学的名誉博士。

彼得·梅达沃

梅达沃先后在英国牛津大学、伯明翰大学、伦敦大学学院和国立医学研究所从事过科学研究和管理工作。牛津大学是他科研生涯的起点，没有取得较大的成就，在相当长的一段时间里，他"在一些无关紧要的计划、休闲和幻想上浪费了太多的时间"，这也是科学家的必经过程。一次偶然机会，使他找到了终身努力的研究方向。一个烧伤病人只能用自己的皮肤移植到自己身上，而无法用自愿者捐献的皮肤进行移植这样一个难题，让梅达沃投入了大量时间、思维和精力去揭示身体是如何区

神灵者的殿堂——牛津大学

分自身和其他生物细胞的,即寻找"自身和异体的"物质。对此,他的感受是"欲做出某种原创性和重要工作的科学家,必须经受某种震撼,迫使他面对当为其职责、将使他乐于研究的那种难题"。

在伯明翰大学,梅达沃邀请自己在牛津时的研究生比尔作为同事,开始了两人长达十几年的合作研究。梅达沃强调科研合作的重要性,认为"合作研究的理念,可以表述为两个或更多个头脑的协同作用,寻找针对同一个问题的解决方法"。合作的好处是"两人或多人共同工作所取得的成绩,要比同样多的人各自为政所取得成绩大的多"。

伯明翰大学

梅达沃也承认自己在科学研究中出现过错误,一个错误的假说曾浪费了他和比尔两年的时间,但犯错误对科学家来说并非可怕的事情。如果因为害怕错误而畏首畏尾,就可能扼杀创新能力。他写道:"虽然我

走进科学的殿堂

很希望没有犯过这些错误,但作为一名科学家,我不悲叹,不沮丧。凡是具有想象力的科学家有时都会提出一些错误的观点,并且还要花费时间去探个究竟,这也是科学生涯中的一种职业风险。从另一方面讲,如果一个科学家过分顾忌犯错误而不敢大胆猜想,他的一生就很难谈得上有什么创造,最终会跟那些二流的寡产作家一样:品位高,爱推敲,以至于始终下不了笔。"

梅达沃不拘泥于常规的思维方式从他放弃唾手可得的牛津大学博士学位一事中也可清楚地看出来。"我决定不申请学位。这学位既不能给我目标也不值多少钱,那时我听说它的价值就与切除阑尾的费用相当,而我当时恰巧得了阑尾炎。"两头不能兼顾,所以我就当一个没有学衔的普通人,直到成为一名教授。他曾如是说。

精英风采

小白鼠

梅达沃能够发现获得性免疫耐受性现象与他大胆而不拘一格的思维方式是密不可分的。那时，在皮肤移植的临床实践中，植皮脱落是任何一个外科医生都是十分熟悉的现象。但从事病理学研究的梅达沃却少见多怪，产生了强烈好奇，好奇心诱导他开始了探索奥秘的研究。在研究中，他根据澳大利亚科学家伯内特1949年提出的关于在胚胎期及刚出生时，机体细胞逐渐获得识别自身的组织物质和不需要的细胞及异常细胞能力的假说，大胆地给新生的白鼠幼仔体内注射了不同品系的另外一只白鼠的脾细胞，然后再将该供体的皮肤移植到已经接受了该供体脾细胞的白鼠身上，发现这样移植后的皮肤就不会再发生剥落现象，这就是获得性免疫耐受性。

对专家而言是司空见惯的现象，对外行就是不可思议的，这种巨大的反差形成了一种碰撞，逐渐开展成了诺贝尔级的研究。反差碰撞有时对发明和发现是非常必要的。

他的研究虽然在临床实践上没有实际意义，因为人们不太可能事先预知某某需要另一某某的供体，而事先将另一某某的细胞在某某还在胚胎或刚出生时就注射进去。但获得性免疫耐受性的发现，却使免疫学的重点由研究动物的充分发育的免疫结构转移到企图改变免疫结构本身，而新的免疫学已把科学家的兴趣吸引到如何设法抑制机体对移植器官的排斥反应上来。

当然，我们不可能说音乐促成了梅达沃的成功，这种说法是不科学的，但至少我们可以说音乐对梅达沃的智力开发和思维方式的形成起到了一定的积极作用。澳大利亚科学家弗兰克·麦克法兰·伯内特爵士曾预言，一个个体经实验加以改变能够接受异体组织，而在一般情况下这些组织是要被排斥的。

梅达沃和同事们对这一假说做了实验。他们对子宫内的老鼠胚胎注入异体物质,以使胚胎对所注入物质产生免疫耐受性。这些老鼠成熟后进行移植时,不仅接受了自身组织的移植,而且接受那种与注入胚胎物质属同一免疫类型的异体组织。这说明,在胚胎里产生了免疫。这项研究工作是梅达沃同他的在读学生 L. 布伦特和以前的学生鲁珀特·埃弗里特·比翰共同完成的。进行了5年的一系列卓越的实验工作中,梅达沃证明,排斥现象不是一个不能克服的难题。他的研究有实验证明可以使动物能有所适应去接受后来进入体内的异体物质,而这些物质在别的情况下是会被排斥的。梅达沃称前者为"免疫耐受性。"

梅达沃的研究为伯内特的假说提供了实验上的确认。这一假说认为,能产生特定抗体的能力是在动物的生命期中发展的,而不是遗传的。免疫系统可以区别"自身"与"非自身",这些区别能力不是先天固有的。与异体组织相对照,个体一般不会对自身的组织发生免疫反应。人们进行了大量的研究来确认能够对宿主自体组织保持自然免疫耐受性的这种机制。如果丧失自体组织的自然免疫耐受性,后果常常是引发自身免疫系统的种种疾病。

彼得·梅达沃

华人印象

詩人小傳

神灵者的殿堂——牛津大学

汉学教授陈寅恪一再延期上任始末

由于吴宓、梁启超的推荐，中国国学大师陈寅恪于1926年到北京清华大学国学研究院任教，结束了他在欧洲十余年的留学生涯，并由此开始了他在现代中国为人啧啧称道的教学、研究生涯。这对陈寅恪本人及民国学术界，都是一件幸事。

20世纪30年代后期，英国牛津大学聘请陈寅恪为汉学教授。陈寅恪接到聘书后，转道香港赴英，但未料正赶上第二次世界大战爆发，因此他只能滞留香港，最后通过友人傅斯年、杭立武和学生吴晗等人的帮助，才脱离险境，得以回到中国内地。二战结束后，牛津大学再次发出邀请，他又准备赴英，但那时他的视力已坏，最后只能放弃，这也是陈寅恪

陈寅恪

华人印象

学术生涯的一个遗憾。

牛津大学是西方一流的高等学府，但当时该校的汉学研究很不景气。牛津大学虽然设立汉学讲座，但修学的人寥寥无几，因此常常难以为继。1935年牛津大学的汉学教授苏维廉逝世，校方与其他机构几经磋商，从清朝的庚子赔款中拨出款项，才最终在1938年向陈寅恪发出聘书，请他到牛津任教。

尽管牛津大学准备用庚款支付陈寅恪的薪水，但薪酬并不优厚。陈寅恪将拿到850英镑的年薪，以此维持陈全家在英生活的开支，不算特别好的待遇。因此陈曾向傅斯年、杭立武等申请包括旅费等其他资助。当然，给陈寅恪这一薪水，也没有因为他是中国人而有所歧视，因为牛津当时的汉学高级讲师修中诚的薪资只在600英镑上下。

傅斯年

从牛津大学给汉学教学人员的低薪，以及学校当时在汉学方面不甚理想的研究条件和资料藏书，都说明该校对汉学并不重视。此外，陈寅恪还有顾虑，他从欧洲回到中国后，兴趣已转向历史和文学，而牛津的汉学则仍重宗教与哲学，双方存在一定差距。

有趣的是，虽然陈寅恪本人对牛津的聘请，并不欢欣鼓舞，但民国

神灵者的殿堂——牛津大学

学界则感到十分振奋。胡适留美时的"文学知音"、现代中国第一位女史学家陈衡哲（莎菲，1893—1976年）曾这样评论，牛津聘请陈寅恪，证明中国的学术已经受到西方学界的重视。但她又颇带自豪地加上一句：以陈寅洛的学问，他在牛津讲学，能听懂的恐怕寥寥无几。这句话耐人寻味，以陈衡哲的留学背景，她可能十分清楚西方汉学家当时的水准。陈寅恪在国内有"教授的教授"之美誉，其博学在中国人中都少人可比，何况欧美汉学家。

但是陈寅恪身边的人，大都还是鼓励、支持他到牛津大学应聘的，如陈的上司傅斯年，就想方设法为陈筹集旅费。

二战后，牛津大学再次邀请陈寅恪赴英任教，似乎是牛津大学在1939年陈未能抵英的情况下仍"虚位以待"，但事实上并非如此。牛津大学在得知陈未能及时抵达英国之后，又开始物色其他人选。

据台北近史所"朱家骅档案"显示，牛津曾在1939年邀请张歆海（1898—1972年）赴任。张歆海是徐志摩前妻张幼仪之兄，浙江海盐人。在陈寅恪留学哈佛的时候，张也在哈佛，正随新人文主义的提倡者白璧德攻读博士学位。在白璧德的中国弟子中，张是少有的

陈寅恪

走进科学的殿堂

几个拿到博士学位的人之一。比他更有名的梅光迪、吴宓等则由于种种原因,未能取得博士学位。

张歆海当时在哈佛留学生中,以年少才俊而闻名。张歆海回中国后,先在清华大学英文系任教,后到上海光华大学,并一度担任该校副校长,后张又出任中国驻波兰公使。几年后因使馆外籍雇员的一件盗窃案引咎辞职。牛津大学与张歆海接触,正是他离职之后的事情。

张歆海对牛津大学的邀请颇为心动,便向当时中英庚款委员会主席朱家骅求助,希望朱能为自己写一推荐信。朱家骅在收到张的求助信之后,没有马上作出决定,后婉言拒绝了张歆海的请求。于是便有了二战之后,牛津大学再度向陈寅恪发出邀请一事。

牛津大学聘任陈寅恪为中文教授,与设在伦敦的一个名为"大学中国委员会"的机构有直接的关系。早在1935年5月,由于牛津大学原中文教授苏维廉(1861—1935年)去世,牛津大学正式宣布另觅人选填补中文教授之空缺。并在1936年3月就遴选中文教授事宜通过相关的大学规章中,列明遴选委员会的组成,除牛津大学有关方面人士外,特别留一席

陈寅恪

位由大学中国委员会指派代表出任。大学中国委员会是英国政府为推动英国的中国研究，于1931年从庚子赔款中拨出20万英镑成立的，主要由英国汉学家和与中国有关系的人士组成。从1936年牛津大学颁布的遴选委员会组成看，尽管大学的代表可以从不同学科和学校行政的角度考虑，但最有资格从汉学的角度去考虑人选的，应该是大学中国委员会的成员。

至1938年，牛津大学就聘请中文教授一事采取更具体行动。先是在1月决定中文教授的空缺应在1939年1月1日之前填补，随后在5月委任了4名遴选委员，并按原议预留了一个席位由大学中国委员会指派。在牛津大学中文教授的档案中，最早出现陈寅恪名字的一份文件，是伦敦大学中国艺术和考古学教授颜慈在1938年10月28日致牛津大学注册处的一封信，信云：

我已同大学中国委员会的秘书谈过，得悉他昨天方才收到中英文化协会主席杭立武的电报，转达陈（寅恪）教授申请剑桥教授职位事。

我们觉得电报应该发到下列地址：

Professor Chen Yinchieh

c/o Hang Liwu

Board Trust

Chungking, CHINA

"Chen Yinchieh"的写法，是以往通讯中的写法，"Board Trust"是注册的电报地址。

请允许我冒昧建议，电报的措辞应该确定无疑地表明他已经被选定

并正被邀请出任该职位。我之所以这样提议，是因为他申请剑桥职位已经落选，如果他以为这次也只是提出给予他一个候选人资格，他大概不会愿意再冒另一次落选的险。

我是否还可以建议，如果薪金少于剑桥提供的1000镑的话，电报应该清楚说明确实的数额，以免他以为也是1000镑。当然，你会写明是"牛津"，以免和剑桥之事混淆。

这封信确切地显示，牛津大学在1938年10月28日之前，已经作出聘请陈寅恪出任中文教授的决定。信中提到的中英文化协会是1933年由时任"管理中英庚款委员会"总干事的杭立武在南京成立的一个"国际性文化友好组织"。至于剑桥大学聘请中文教授之事，胡适于1938年7月30日在伦敦给傅斯年的信中已经提到："Cambridge大学中国教授Monle退休，寅恪电告Cambridge愿为候选，他们将暂缓决定，以待商榷。Pelliot允为助力。我已写一推荐信，昨交去。大概不成问题。"

在牛津大学的档案中，有一份杭立武于同年10月4日给大学中国委员会秘书的信，谈及陈寅恪申请剑桥一事：

我在上月收到你于7月21

杭立武

神灵者的殿堂——牛津大学

日发到汉口给我有关剑桥大学中文教授的信，很抱歉，我并不能够通过你向剑桥大学提供有关陈寅恪先生更详细的资料。我收到你的信后，立即发了一份电报给陈寅恪，请他提供你所需的资料。不过，由于他任教的西南联合大学现正放假，他居处不定，直到10月2日之前，我们仍无法获取他的资料。我当天已经发了一个电报给你，电文如下："陈寅恪年47健康良好能以英语授课打算在剑桥逗留5年被认为是最好的中国学者之一。"

我希望这份电报能够及时到达你处，以供负责遴选教授的委员会考虑。很抱歉在该电报我未能提供他的著作的详情，附上一封胡适为其他目的提交的保密推荐信，以供剑桥委员会参考。

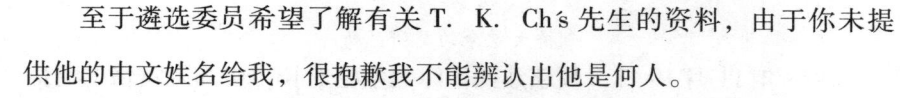

至于遴选委员希望了解有关T. K. Ch's先生的资料，由于你未提供他的中文姓名给我，很抱歉我不能辨认出他是何人。

这封由杭立武为陈寅恪申请剑桥事致大学中国委员会的函件，出现在牛津大学的档案中，是异乎寻常的。从杭立武的信可以看出，大学中国委员会在7月曾就剑桥大学聘请中文教授事，发信给中英文化协会，了解有关陈寅恪的情况。但杭立武9月才收到此信，了解过陈的情况后，10月2日才向大学中国委员会发出一个非常简短的电报，并于10月4日发出了这封信件。如果把该信和前引颜慈10月28日给牛津大学的信联系起来，可以推测，大学中国委员会把原来为剑桥大学了解的情况转到牛津，而牛津大学应该是在剑桥大学未聘请陈寅恪的情况下，根据大学中国委员会转来的这些材料和颜慈本人的介绍，很快就作出了聘请的决定。

华人印象

走进科学的殿堂

剑桥大学李约瑟研究所

1938年11月19日，颜慈致函牛津大学注册长，告知陈寅恪的通信地址，让牛津大学直接与陈联络。很显然，牛津大学决定聘请陈寅恪为中文教授，除了大学中国委员会的影响外，在中国方面，当时参与管理中英庚款董事会的中国学者和官员亦扮演着重要角色，对后来陈寅恪周章曲折而未能成行起了左右的作用。

在牛津的档案中，杭立武信后除附有胡适的信之外，还有一份是关于陈寅恪学术研究特点和学术水平的介绍。

其实，在上述各方为牛津聘请陈寅恪事多次电函往来时，陈本人对于到牛津大学任教并不见得有多大兴趣，他次年赴香港前给清华大学校长梅贻琦的信便表明了这一点。他对去牛津任职事一度犹豫的态度，在颜慈1938年12月26日写给牛津大学注册长Douglas Veale的信中也得

神灵者的殿堂——牛津大学

到证实：

  中国大使发出一封信函，谓陈教授已改变初衷，愿意接受大学之聘任，我为能将此信之摘录送交与你而松一口气。如此一来，亦必省却了遴选委员不少忧虑。我估计，遴选委员无须再次开会。四日前我在雪中摔伤了腿，因此有数周不能参加会议。

  你会从大使的信函得悉，他将愿意代你与陈教授联络。

  在陈寅恪致梅贻琦信中提到的郭复初，即颜慈信中提到的中国驻英大使郭泰祺，陈寅恪之应聘牛津，很大程度上是郭泰祺劝说的结果。至1939年中，陈寅恪本人和牛津方面都为陈赴英做好准备，牛津大学东方研究学院亦同意拨款100镑作为陈寅恪旅费之用，陈寅恪则于1939年6月动身离开昆明。

  据蒋天枢撰《陈寅恪先生编年事辑》记载，陈寅恪接受牛津大学的聘任之后，先后两次赴香港，准备动身前往英国。第一次是1939年夏由昆明到达香港，正准备转乘轮船赴英就任的时候，却适逢欧战爆发不能成行，只好于9月返回昆明。次年夏天，陈再次赴港，"待赴英时机。既难成行，就任香港大学客座教授。"人们一般把陈

梅贻琦

走进科学的殿堂

寅恪不能成行的原因，简单归咎于欧洲战争的爆发造成交通中断。不过，尽管陈寅恪第一次不能成行的直接原因确实是欧战爆发。然而从事隔一年，欧洲战火未息，陈仍再次决意起行这一事实看，欧战似乎并不是一个令人信服的理由，尤其第二次滞留香港原因，似乎另有蹊跷。

牛津大学的档案显示，陈寅恪第一次在香港因战争受阻不能按时上任，曾于1939年9月5日致函牛津大学注册长，原函未见，但这封信的原文在档案的其他文件中被引用，内容如下：

我原来打算在8月底乘船赴欧洲，并且万事俱备，由于局势紧张和不明朗，我不得不等待数天。如今欧战已经爆发，此时此刻，我已经不可能也不必要前往牛津，故此，我决定推延1939年至1940年学年度赴英之事。我将返回云南，任教于国立西南联合大学。

国立西南联合大学

神灵者的殿堂——牛津大学

牛津大学马上作出相应的决定,1939年9月,在陈寅恪先生回到昆明的同时,大学的监察委员会已向大学当局提出建议,允许陈寅恪延迟至1940年度第一个学期初就任,此建议随即为大学当局通过。陈寅恪在1940年再次动身赴港,显然是根据牛津大学这一决定,准备在1940年度第一学期到牛津上任。在牛津大学有关的档案里,有一封信是陈寅恪在1940年5月从昆明发给牛津大学的亲笔信件,内容如下:

我谨通知你,我计划在9月初自香港乘船前往英国,可望于9月抵达牛津,恳请代为安排下榻学院事宜。

可见陈寅恪此行并非如今人一般所说,是到港探亲,等待机会赴英,而是已有很明确的赴英行程安排。但是陈寅恪抵达香港后,却没有按照原计划成行。他在1940年8月24日致梅贻琦函中很清楚地讲到了改变行程的缘由,信云:

月涵吾兄先生左右:别来不觉月余,想起居佳胜。弟到港即接郭大使自英来电,因时局关系欲弟再缓一年赴英,当即托英庚款会代复照办。

据此,陈寅恪1940年滞留香港乃根据郭泰祺的意思"照办",但牛津大学的档案却显示,当时牛津方面从郭泰祺那里所得到的信息,是陈寅恪本人希望再推迟一年上任。郭泰祺在1940年7月8日亲笔签名致牛津大学注册长Douglas Veale的信函中写道:

有关我6月17日的信函,我今天接获中英文化协会秘书长的电报如下:

"请告知牛津大学陈寅恪推迟到明年上任之意愿——杭立武"

走进科学的殿堂

请就上述之请求发信往昆明答复陈教授。

郭泰祺提到的"6月17日"的信函，在档案中未见，但档案里有一份材料，乃摘录自牛津大学周议事会6月17日发出的定期通告，其中有云：

注册长接到指示，答复中国大使刚提出的查询，假若陈教授希望再次推延其上任的日期，周议事会将提出一个议案，予他再度休假一年。这个议案后来在1940年10月获得通过，据此，陈寅恪应在1941年第一学期到任。

根据以上几段资料，可以做以下的判断：从1940年5月陈寅恪致牛津大学函，知道陈此次去香港，是决定前往牛津上任，而不是去香港等候时机。就在陈寅恪动身赴港的时候，1940年6月17日，郭泰祺致函牛津大学，虽然原函未见，但同日牛津大学周议事会发出的通告中提到，郭泰祺刚刚向牛津大学查询陈寅恪再次延迟上任日期事，由此可以知道郭泰祺在陈寅恪已经动身的时候，曾向牛津大学查询陈寅恪是否可以推延上任。牛津大学当局接到郭信之后，指示注册长答复郭泰祺，如果陈

陈寅恪

神灵者的殿堂——牛津大学

寅恪希望再次推延上任日期，牛津大学可以准予再延迟一年，可见陈寅恪 1940 年再次推迟到牛津上任是郭泰祺提出来的。在 1940 年，从牛津大学的角度去看，关于陈寅恪何时上任，战争似乎不是一个直接被考虑的因素。同年 7 月 8 日，郭泰祺又致信牛津大学注册长，转达杭立武的电报，并请牛津直接答复陈，杭的电文原文是"Pleasein form Oxford Tschenyinkoh's wish post ponement another year – Hang liwu"，由于这是一份电报，用了省略的句子，不同的读者对这句话的理解，可能会有些微妙的差别，但杭立武用上"Tschenyinkoh's wish"的说法，很显然让牛津大学觉得他们正在转达陈寅恪的意愿。而当时郭提出要牛津大学直接致函到昆明答复陈寅恪，表明郭当时还不知道陈寅恪动身的安排。虽然

1940 年，郭泰祺在伦敦演讲

华人印象

走进科学的殿堂

目前尚不清楚陈动身的准确日期，但从陈一到香港就收到郭电报看，陈动身日期很有可能是在7月8日以后，即便在7月8日之前，也不会早多少天。从陈寅恪8月24日致梅贻琦信看，正当郭、杭向牛津大学转达陈寅恪欲再缓一年的"意愿"的同时，或者是在稍后一点的时间，陈却离开昆明到香港，准备去英国。而陈到达香港的时候，郭泰祺致电表示希望他"再缓一年赴英"。可见，郭在7月8日还希望牛津大学直接复信陈，以便在陈未离开昆明时搁置赴英行程，但随后得悉陈已到香港，便直接致电陈提出要他推迟行程。

从这些片断的资料看来，陈寅恪1940年未能赴英上任。牛津大学所得到的消息，是陈寅恪本人的意愿，但陈寅恪得到的信息则是郭泰祺的指示。从日程来看，在陈寅恪得到这样的信息甚至还没有离开昆明之前，郭、杭二人已经为陈寅恪推迟上任同牛津大学交涉。而这个时候，陈本人显然毫不知情，还按原计划离开昆明到了香港。可见，陈寅恪1940年再度赴英未果，很可能是郭、杭二人的刻意安排。

这一历史的真相和具体的细节如何，郭、杭二人当时有何特别考虑，在没有掌握更多资料的时候，难以进一步地揣测。

陈寅恪受聘牛津未果，作为一宗历史事件，其意义不仅仅是陈个人际遇，在事件背后，交织着当时中国外交官员的政治考虑和大学行政部门的财务考虑。然而，中国政府官员和大学行政部门自可以有其政治和行政考虑，而身为学者的陈寅恪先生，一旦决定应聘牛津，一开始便是从推动学术研究的角度出发。陈所关心的是如何在外国的环境里，对发展国际汉学和推动中国文史研究有所作为。从牛津档案的其他部分可

神灵者的殿堂——牛津大学

见,陈和牛津大学中文高级讲师修中诚最乐于花时间和精力的,始终是牛津大学的汉学发展。1942年至1943年间,修中诚访问中国,其间专程到桂林和当时任教于广西大学的陈寅恪相处了一个月,两人就牛津大学的汉学发展进行了详细而具体的讨论。这批档案保留下来的一些文件,一方面让我们看到政府和大学官僚许许多多非学术的考虑,另一方面也映照出学者执着于学术追求的独立人格的光辉。

广西大学

　　陈寅恪最初并不乐意去牛津,很可能就是觉得自己的研究方向与修中诚不能配合,而修中诚原来对陈寅恪似乎也了解甚少。但是,当两位学者在中国见面,一起切磋学术,制定未来发展规划的时候,他们不但互相了解了对方,并且在他们的精神世界中展现了对发展汉学研究的责任感和远见卓识。在牛津大学档案中保留着两份至今读着还

华人印象

令人怦然心动的文件,不但可以帮助人们了解陈寅恪的学术思想和抱负,也可以更清楚地了解到,陈寅恪不能到牛津赴任,对于中国以至西方的汉学研究带来了什么样的损失。其中一份文件是修中诚1943年11月29日从昆明发出致牛津大学校长的信,信中写道:

  所谓我的许诺,是对陈教授,即我们选定的中文教授而言的。让我从头说起:多数对这次聘请感到有兴趣的人士,一定有一个印象,认为陈教授对于这次聘请是半心半意的,并且对于任教于牛津有被流放的感觉,因此似乎居留不会多于三或四年。我凭着对他深奥晦涩的专著的性质的印象,也曾经这样以为。我现在有一点自以为很清楚的依据可以证实,情况其实并非如此。在此,我向你提出这些依据,希望你认真考虑。

  首先,我同陈寅恪教授相处了一个月,就我所专注研究的在语言中

1939年秋在香港,陈寅恪(左二)

句法和文体的发展所反映出的逻辑意识发展的问题进行探讨。我们研究的中古前期是一个特别困难的时代，西方汉学家对这个时代知之甚少，而陈教授是研究这一时代的大师。我发现，他不但是一个令人钦佩的教师，他很快可以看出一个人研究的途径和真正问题所在。我亦发现，他用英文陈述他的观点和进行讨论如同他用中文一样好。再者，他尖锐的批判能力和令人喜悦的幽默感，使得所有的讨论生色不少。因此，对于我来说，他不但是一个专家学者，也是一个天生的导师。

其次，让我感到高兴的是，我不但认识到西方研究在中国文化史的价值（很多学者也多多少少认识到这一点），我更肯定地确信，只有等到训练有素的西方人，以他们自己的观点，委身研究历史和哲学的材料，中国学者才有希望得到他们需求甚殷的启发，以重新发现新问题。

其三，因此，由于牛津此次聘请为这样的发展开启了一条路子，这对于他便具有策略上的重要性，因而愿意接受在西方从事研究。

其四，故此，他所想到的并不是在三数年内可以做到什么，或者要促进什么和睦的文化交流，他认为对于牛津给予他的荣耀，唯一一个应有的回报是一个实在的、至少为期5年的工作计划。因此，当他考虑到本科中文系学生的基础中文训练时，他觉得他的贡献不应该放在这方面。这类工作，若由一个英语助理承担应更能胜任。他也希望他要承担的一般教学任务可以减至最少，比如说，每年只需任教一个课程。

其五，由于（a）唐代（618—906年）在中国历史和世界历史中具有关键的文化重要性，可与印度和希腊文化相媲美；（b）此时期尚未以现代方法系统地重新研究；（c）敦煌手稿对于了解此时期极有帮助；

（d）此范畴之文献乃陈教授多年来专门研究的课题，因此应该在陈教授的指导下，进行有关的研究，包括大规模的翻译工作和就某些方面做专门著述。

从这封信可以看到，他们的会面，不仅澄清了修中诚以及牛津大学方面原来对陈寅恪没有到牛津上任的误解（前面已经提到，这一误解多少是郭泰祺造成的），更令修中诚了解到陈寅恪的学术与人格。但是，陈寅恪先生为无情的命运捉弄而不能遂其志。1946年1月21日，牛津大学正式公布陈寅恪教授因健康不佳辞职。在中英两国学术史上令中国学人惋惜不已的这段"姻缘"，也就此终结了。

陈寅恪的铜像

关于陈寅恪受聘却一再延期上任的事情，近年的研究指出，1926

神灵者的殿堂——牛津大学

年的陈寅恪，虽已早过而立之年，但既没学位，又无学术论文，能进入清华国学研究院，与国学大师王国维、梁启超和哈佛大学的博士赵元任、李济（李仅聘为讲师）为同僚，的确相当引人注意。但牛津在1938年之聘请陈寅恪，却似乎可以另当别论，因为性质有所不同。首先，牛津虽然是西方第一流的高等学府，执英国大学之牛耳，但牛津当时的汉学研究，很不景气。英国自19世纪初期，便由于与中国通商、交战的关系，陆续有人开始从事中文的教学和中文典籍的翻译。如理雅各（1815—1897年）在王韬的帮助下，翻译五经，其译本至今仍为西方学者采用。末代皇帝溥仪的英国老师庄士敦（1874—1938年），回英之后充任伦敦大学东方学院的汉学教授，也为人所知。不过，这些例子不能说明英国大学就有注重汉学教学与研究的传统。实际的情形是，一门学科想在西方大学立足生根，必须有两个条件，一是生源不断，也即学生对之有源源不断的兴趣；二是财力支持，最好是有人捐巨款赞助。如美国哈佛大学的汉学研究，就是在1928年从铝业大王Charles Hall（1863—1914年）巨额遗产设置的教育基金获得资助，由此而成立哈佛燕京研究社，为美国的汉学研究奠定了基础。而英

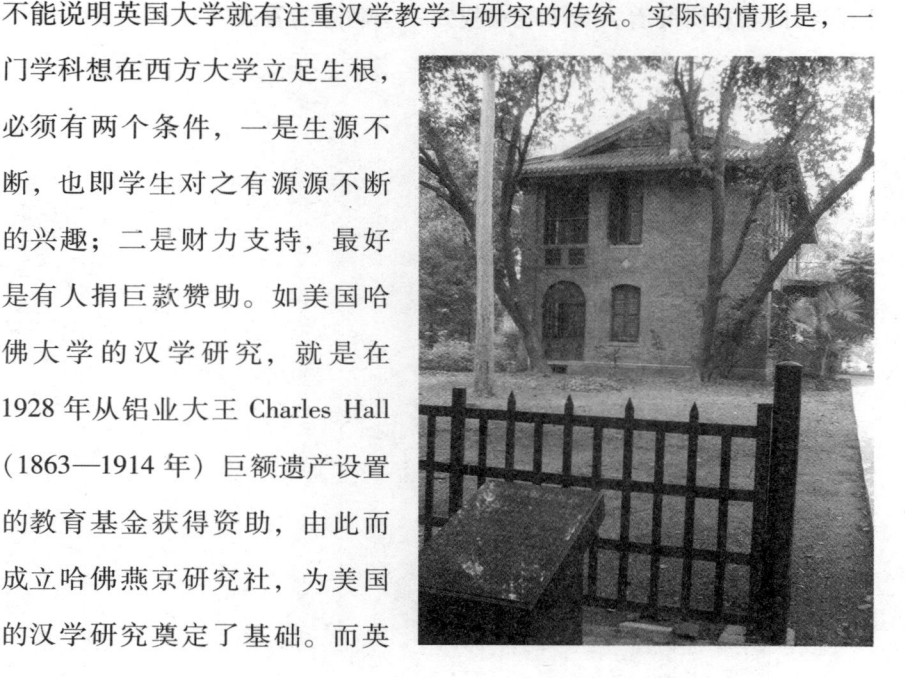

陈寅恪故居

走进科学的殿堂

国牛津等学校，虽然设立汉学讲座，但修学的人寥寥无几，因此常常难以为继。1935年牛津的汉学教授苏维廉（1861—1935年）逝世，大学与其他机构几经磋商，从清朝的庚子赔款中拨出款项，才最终在1938年向陈寅恪发出聘书，请他到牛津任教。由此可见，如果牛津大学校方十分重视汉学教学，或者牛津的学生对汉学有浓厚、持久的兴趣，那就不会有如此多的迟疑和耽搁。而且，牛津当时在汉学方面的研究条件和资料藏书也不理想。陈寅恪还有其他顾虑，他回国以后，兴趣已经转向历史和文学，而牛津的汉学，则仍重宗教与哲学，因此有一定的距离。这一差距，其实也说明英国汉学自理雅各以来并没有长足的进步。

总之，事情的真正过程和因果只有当事人能够说得清楚，现在，人们都在揣测和研究着，希望能够找到一个满意的答案。

神灵者的殿堂——牛津大学

记忆中的国学大师——钱钟书

　　钱钟书（1910—1998年），现代文学研究家、作家，字默存，号槐聚，曾用笔名中书君，江苏无锡人。关于他名字的由来有一个小故事：在中国的民间有一个风俗，就是在孩子周岁的那天，摆满吃的、喝的东西，让孩子去抓，即"抓周"。老人们认为孩子第一手抓住的东西将会预测他一生的命运。钱钟书在"抓周"时，一手抓住了其中的一本书。父母非常高兴，于是给他取名为：钱钟书。"钟"即钟爱、喜欢的意思，父母希望他喜欢读书，做一个文人。钱钟书没有辜负父母对他的期望，一生爱书、读书、写书，与书结下了不解之缘。

钱钟书

华人印象

走进科学的殿堂

1935年，钱钟书以第一名成绩考取英国庚子赔款公费留学生并进入牛津大学，在爱克塞特学院攻读英国文学。

牛津大学博德利图书馆的档案室存有钱钟书手书的入学登记表，时间为1935年11月5日，但日期栏里还写着被划掉的10月16日，可以推测那是他抵达牛津的日期。11月5日为注册日期，有校方的日期印章为证。表中的其他栏目，填的是姓名钱钟书，1910年10月20日出生，出生地中国无锡，毕业学校国立清华大学，父亲钱基博，中国光华大学中国文学教授，住址是中国上海光华大学院长办公室，自己是父亲的长子。

钱钟书

留学期间，钱钟书和他的夫人杨绛在博德利图书馆读了大量的英文原著。在牛津的岁月，是钱钟书学术生涯中相当重要的一个阶段。1937年，钱钟书完成了他的毕业论文《十七十八世纪英国文学中的中国》，获得优等荣誉学位。

钱钟书出生于诗书世家，自幼受到传统经史方面的教育。钱钟书14岁时，和弟弟钱钟韩一起考入了苏州桃坞中学。因他的兴趣和天赋在文学上，习惯海天阔地联想和自由发挥，对按部就班逻辑推理的数理十分厌恶，也就不大用功，所以成绩平平，没有引起教师

神灵者的殿堂——牛津大学

们的注意。然而，在一次每年例行的全校国文、英文作文竞赛中，他居然取得了第七名。一个初中新生取得这样高的名次，在桃坞中学是史无前例的。学校校长特别关照，尽管他理科成绩不佳，而由于中、英文成绩好被特殊照顾，保护过关。桃坞中学是座教会学校，英文、地理等科目由外籍教师担任，于是英文引起了钱钟书的兴趣。他在课堂上悄悄地读他感兴趣的外文小说和外文词典。尽管他课上不好好听讲、记笔记，但每回考试，他总是全班第一。到初三时，他的中、英文成绩已居全校之首，发音纯正和外籍教师不相上下。基于他成绩卓著，老师派他当了班长。只是这位班长在生活方面有点"痴气"——分不清东西南北，一出门就迷失方向，穿鞋有时也不分左右。最出洋相的是上体育课，作为班长，他的英文口令喊得洪亮、准确，"向右看齐，向左转"但他自己却左右不分，乱转乱看，闹得班上同学哄堂大笑，他自己还莫名其妙。老师看出他不是"当官"的料，只两个星期，就把他给罢免了。聪明过人却又时常"糊涂"，这就是叫人难以捉摸的钱钟书。

报考清华大学时，钱钟书

钱钟书与杨绛

走进科学的殿堂

数学仅得 15 分，但因国文、英文成绩突出，其中英文更是获得满分，于 1929 年被清华大学外文系破格录取。在这一时期，他刻苦学习，广泛接触世界各国的文化学术成果。1933 年于清华大学外国语文系毕业后，在上海光华大学任教。1935 年和作家、翻译家杨绛结婚。同年考取公费留学生资格，同赴英国留学。出国留学并没有使钱钟书有多大的改变，也没有使他变得成熟，他还保持着自己的一贯性情和作风。

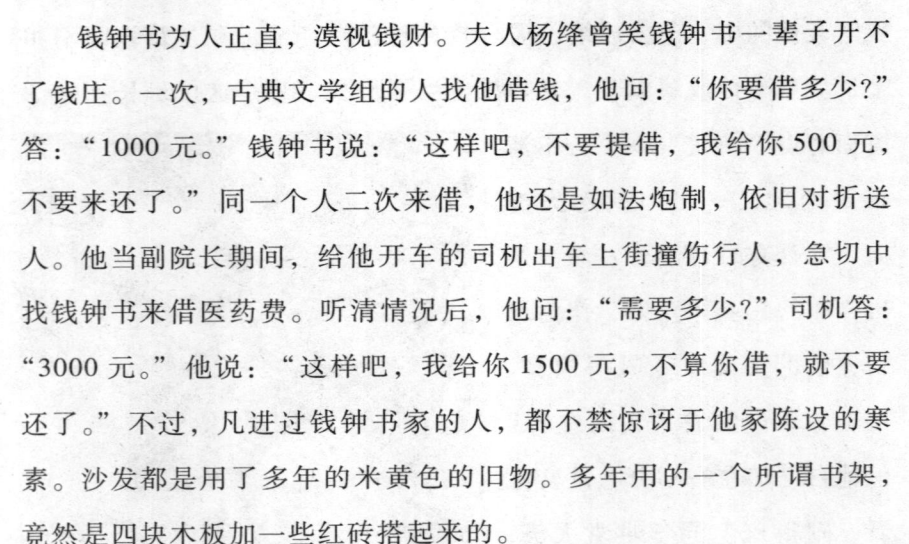

钱钟书为人正直，漠视钱财。夫人杨绛曾笑钱钟书一辈子开不了钱庄。一次，古典文学组的人找他借钱，他问："你要借多少？"答："1000 元。"钱钟书说："这样吧，不要提借，我给你 500 元，不要来还了。"同一个人二次来借，他还是如法炮制，依旧对折送人。他当副院长期间，给他开车的司机出车上街撞伤行人，急切中找钱钟书来借医药费。听清情况后，他问："需要多少？"司机答："3000 元。"他说："这样吧，我给你 1500 元，不算你借，就不要还了。"不过，凡进过钱钟书家的人，都不禁惊讶于他家陈设的寒素。沙发都是用了多年的米黄色的旧物。多年用的一个所谓书架，竟然是四块木板加一些红砖搭起来的。

此外，钱钟书到牛津后从公共汽车上掉下来过一次。他把这看做是"和牛津泥土的第一次拥抱"。估计这是在学院的师生面前说的，不然不会被记录下来。按逻辑，说第一次就意味着还有第二次，但至少这张卡片显示，他以后再上车或下车已经比较当心，不再想心事或呆看了。卡片上写了"等等"两个字，看来钱钟书在牛津的妙语和趣事还不止这些，只怪那个副院长太懒，没有多记，可

神灵者的殿堂——牛津大学

惜了。

　　钱钟书和杨绛还在英国牛津大学深造时，1937年，他们的女儿阿圆（钱瑗）出生了，给他们的生活带来了无尽的乐趣。钱钟书"痴气"十足，有着孩子般的童心。杨绛回忆说："我们在牛津时，他午睡，我临帖，可是一个人写字困上来，便睡着了。他醒来见我睡了，就饱蘸浓墨想给我画个花脸，可是他刚落笔我就醒了。他没想到我的脸皮比宣纸还吃墨，洗净墨痕，脸皮像纸一样快洗破了。以后他不再恶作剧，只给我画了一幅肖像，上面再添上眼镜和胡子，聊以过瘾。回国后暑假回上海，大热天女儿熟睡（女儿还是娃娃呢），他在她肚子画一个大花脸，挨他母亲一顿训斥，他不敢再画了。"

钱钟书一家

华人印象

走进科学的殿堂

钱钟书1937年毕业于英国牛津大学，获副博士学位。埃克塞特学院也留下了钱钟书的记录，记载他是硕士生，攻读文学硕士学位等项。学院中存有一张卡片，上面写着负责学生工作的副院长的非正式评语，说钱钟书很"迷人"。说他把自己的姓念作 Tieins，以免当狗。这是因为当时中国人通用罗马拼音拼写姓名，钱钟书的"钱"，罗马拼音的拼法是 chien，西方人很容易把它念得类似于"闪"的发音，这正是法语中"狗"字的发音，而且法语的狗拼作 chien，和钱钟书的姓差别很小。青年钱钟书的避狗措施显得天真可爱，但也是他学问太大，不懂法语的人绝不会"多此一举"，受这份累的。钱钟书爱在人名上作怪，他就给自己的小说《围城》中的一个人起名"交配"，即李"梅亭"，这里的谐音用的是英语。

《围城》剧照

钱钟书的毕业论文《十七十八世纪英国文学中的中国》共分三

章。在论文中，钱先生将两百年中英国文学中与中国有关的所有材料几乎一网打尽，绝对不放过片言只语。工夫之细，令人叹为观止。以"sharawadgi"一词为例，根据钱先生的考察，该词首先是在坦普尔爵士讨论中国园林的著作中被使用，后来在爱迪生、蒲伯等人的著作中也一再出现。但是这个古怪的词到底是什么意思，连最权威的《牛津英语词典》也语焉不详。钱先生根据字音和坦普尔本人的论述认为这是"散乱/疏落位置"的音译，并认为坦普尔使用该词是建立在他对中国园林讲求留有空间而不讲求规则这一美学特征的体认上，从而解决了这一问题。问题虽小，却见功夫。联想到钱先生后来的《宋诗选注》，人们不仅要想：他的这种材料功夫是牛津培养的呢还是由于国学的训练？或许，这是中外做学问共同的要求使然吧。另外，钱先生时不时地援引法、德、拉丁文材料来与英文文献作对比，也显示了他从青年时代起就一贯具有的博学多闻。如他从上文提到的园林的不规则联想到法德文学中的套话"美妙的杂乱"和"浪漫的混乱"便是一例。当然更让人叹服的还是钱先生的英文，既典雅又诙谐。例如他对玻西进行评价时说的一句话："我们可以有把握地说，在不通中文的情况下中国可以被知道的一切，玻西都知道。"以前

钱钟书

钱先生的一篇英文文章是他在第一届中美比较文学学者双边讨论会上的开幕词，言简意赅而精彩纷呈。

关于他的毕业论文，似乎少有提及。是不是因为它是少年之作，有太多需要悔恨的地方呢？或者它只是一个资料长编，没有体现钱先生好学深思的品格呢？钱先生在序言中将这部著作比喻成盖房子的脚手架，把写作过程比喻成受伤复员的军人向人展示自己的伤疤。但是不管钱先生如何自嘲，此史料的收集也是极有价值的，就像我们无法否认《古小说钩沉》的意义一样，何况钱先生在文中还是得出了很多非常精彩的结论。从大的方面讲，他认为英国在17世纪就对中国表现出热情，在18世纪，这种对中国的好感在老百姓的生活中还在继续，特别是对中国物品的喜好。但是在文学领域，情况却与实际生活相反，对中国的反感日益加重。钱先生在此也就顺便讨论了文学与生活的关系问题，认为可分为三类：文学或复制、或逃避、或批评生活。由此他得出结论：18世纪英国文学在中国的题材上是属于第三类的。从小的方面说，他在分析笛福的反华倾向时指出，原因之一在于笛福作为一个"不信奉英国国教者"，肯定不愿意相信天主教耶稣会士对中国的赞美，故反其道而行之。这些大大小小的结论由于都是建立在丰富的材料基础上，让人特别信服。钱钟书先生就是这样的对学问一丝不苟的精神。

在牛津大学英文系攻读两年后，他又到法国巴黎大学进修法国文学一年，于1938年回国。先后任昆明西南联大外文系教授、湖南蓝田国立师范学院英文系主任。钱钟书深入研读过中国的史学、哲学、文学经典，同时不曾间断过对西方新旧文学、哲学、心理学

等的阅览和研究，著有多部享有盛誉的学术著作。1941年，钱钟书回家探亲时，因沦陷而羁居上海，写了长篇小说《围城》和短篇小说集《人·兽·鬼》。他的《围城》已有英、法、德、俄、日、西语译本，散文大都收入《写在人生边上》一书。《谈艺录》是一部具有开创性的中西比较诗论。他的散文和小说也很出色，特别是长篇小说《围城》，才情横溢，妙喻连篇，可谓家喻户晓。

人生是围城，婚姻是围城，冲进去了，就被生存的种种烦愁包围。钱钟书以他洒脱幽默的文笔，述说着一群知识分子的快乐与哀愁。他的深入骨髓的洞见、通达超脱的生存智慧足以让读者品评再三。《围城》是一幅栩栩如生的世井百态图，人生的酸甜苦辣千般滋味均在其中得到了淋漓尽致的体现。钱钟书先生将自己的语言天才并入极其渊博的知识，再添加上一些讽刺主义的幽默调料，以一书而定江山。

钱先生博学多能，兼通数国外语，学贯中西，在文学创作和学术研究两方面均作出了卓越成绩。新中国成立前出版的著作有散文集《写在人生边上》，用英文撰写的《十六、十七、十八世纪英国

钱钟书《谈艺录》

文学里的中国》，短篇小说集《人·兽·鬼》，长篇小说《围城》，文论及诗文评论《谈艺录》。其中《围城》有独特成就，被译成多国文字在国外出版。《谈艺录》融中西学于一体，见解精辟独到。新中国成立后，钱先生出版有《宋诗选》、《管锥篇》五卷、《七缀集》、《槐聚诗存》等。钱先生还参与《毛泽东选集》的外文翻译工作。主持过《中国文学史》唐宋部分的编写工作。他的《宋诗选注》在诗选与注释上都卓有高明识见，还对中外诗学中带规律性的一些问题作了精当的阐述。《管锥篇》则是论述《周易正义》、《毛诗正义》、《左传正义》、《史记会注考证》、《老子王弼注》、《列子张湛传》、《焦氏易林》、《楚辞洪兴祖外传》、《太平广记》、《全上古三代秦汉三国六朝文》的学术巨著，体大思精，旁征博引，是数十年学术积累的力作，曾获第一届国家图书奖。钱先生的治学特点是贯通中西、古今互见的方法，融汇多种学科知识，探幽入微，钩玄提要，在当代学术界自成一家。因其多方面的成就，被誉为文化大家。

钱钟书故居

钱钟书学识渊博，记忆力惊人。在清华大学读书时，他就与吴晗、夏鼐被誉为清华"三才子"，与陈衍老人的交往更体现了这一点。陈衍，号石遗，晚清"三大诗人"之一，在当时的诗坛上占有重要地位。石遗老人对当时的诗人学者甚少许可，但是对钱钟书却另眼相看。每年寒暑假钱钟书从清华回无锡，石遗老人都要邀他去自己家。有一次，石遗老人说起清末大诗人王运："王运人品极低，仪表亦恶，世兄知之乎？"钱钟书对曰："应该是个矮子。"石遗笑说："何以知之？"钱钟书说："王死时，沪报有滑稽挽联云'学富文中子，形同武大郎'，以此得之。"石遗老人点头称是。又说王运的著作只有《湘军志》可观，其诗可取者很少，他的《石遗室诗话》中只采用某两句，但已记不起是哪两句了。钱钟书马上回答："好像是'独惭携短剑，真为看山来'。"石遗老人不由得惊叹："世兄真是好记性！"

　　钱钟书先生作为著名的作家和学者，成就举世瞩目。晚年的钱钟书闭门谢客，淡泊名利，其高风亮节为世人所称道。有位外国记者曾说，他来中国有两个愿望：一是看万里长城，二是看钱钟书。他把钱钟书看成了中国文化的象征。还有一个外国记者因为看了钱钟书的《围城》，想去采访钱钟书。他打了很多次电话，终于找到了钱钟书。钱钟书在电话里拒绝了采访的请求，并说："假如你吃了一个鸡蛋觉得不错，又何必要认识那个下蛋的鸡呢？"中央电视台开辟了一个面对大众的颇受欢迎的《东方之子》栏目，许多人拼死往里钻，以一展"风采"为荣，但当节目制作人员试图去采访钱钟书时，却遭到了他坚决的拒绝。美国一所著名的大学想邀请他去讲学，时间是半年，两周讲一次，一次40分钟，合起来大约是8个小时的时间，而给予的报酬是16万美元，但钱钟书丝毫不为所动。

走进科学的殿堂

还有人在巴黎的《世界报》上著文称：中国有资格荣膺诺贝尔文学奖的，非钱钟书莫属。钱钟书对这个评价不但不表示接受，反而在《光明日报》上写文章质疑诺贝尔文学奖的公正性。

钱钟书在上海暨南大学、中央图书馆和清华大学执教或任职。1953年后，在北京大学文学研究所任研究员。所著多卷本《管锥编》，对中国著名的经史子古籍进行考释，并从中西文化和文学的比较上阐发、辨析，后任中国社会科学院副院长。

华人印象

北京大学一景

1998年12月19日上午7时38分，钱钟书先生因病在北京逝世，享年88岁。按照钱钟书先生遗愿，他的后事一切从简，遗体由两三个亲人送别就行了，不举行任何悼念仪式，不保留骨灰，并恳辞花篮、花圈。火化当天，在现场送行的，始终只有20多个人，包括钱钟书的女婿、外孙、外孙女,他的学生以及学生的学生,一些朋友,还有一些人是听说后自愿赶来的。钱钟书的遗孀、著名学者杨绛把一小朵紫色的勿忘我和白玫瑰放在钱钟书的身体上。火化间的门关上时,别人劝她离开,她说:"不,我要再站两分钟。"她眼睛里隐隐有泪花。钱钟书的遗体火化后,根据他生前的意愿,骨灰就近抛洒。"这样的大学者,代表了一个时代。如果大家都知道了,光海外来的,可能就会有上千吧?"社科院外文所的薛先生说:"钱钟书走了,我们还是读他的书吧。先生就活在书里。"

走进科学的殿堂

牛津"书虫"的平淡概念

华人印象

1923年许地山与梁实秋等同船到美国,进哥伦比亚大学哲学系研究印度哲学。他当时31岁,在留学生中年龄较大,但已经是中国著名小说家。第二年,他便获得了哥伦比亚大学的硕士学位,但是他"厌恶美国人的浅薄无知"。尽管牛津大学不承认美国学位,但他还是转学到牛津斯曼非尔学院重读宗教史,以研究《法华经》而获得硕士学位。

在牛津,许地山被牛津人公认为"书虫"。许地山回忆并感慨:牛津实在是学者的学国,我在此地两年的生活尽用于波德林图书馆、印度学院、阿克关屋(社会人类学讲室)及曼

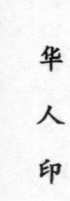

许地山

神灵者的殿堂——牛津大学

斯斐尔学院中，竟不觉归期已近。同学们每叫我做"书虫"，定蜀尝鄙夷地说我于每谈论中，不上三句话，便要引经据典，"真正死路"！刘错说："你成日读书，读死你呀！"书虫诚然是无用的东西，但读书读到死，是我所乐为。假使我的财力、事业能够容允我，我诚愿在牛津做一辈子的书虫。

我在幼时已决心为书虫生活。自破笔受业直到如今，二十五年间未尝变志。但是要做书虫，在现在的世界本不容易。须要具足五个条件才可以。五件者：第一要身体康健；第二要家道丰裕；第三要事业清闲；第四要志趣淡薄；第五要宿慧超越。我于此五件，一无所有！故我以十年之功只当他人一夕之业。于诸学问、途径还未看得清楚，何敢希望登堂入室？但我并不因我的资质与境遇而灰心，我还是抱着读得一日便得一日之益的心志。

为学有三条路向：一是深思，二是多闻，三是能干。第一途是做成思想家的路向；第二是学者；第三是事业家。这三种人同是为学，而其对于同一对象的理解则不一致。譬如有人在居庸关下偶然捡起一块石头，一个思想家要想他怎样会在那里，怎样被人捡起来，和他

许地山

的存在的意义。若是一个地质学者,他对于那石头便从地质方面原原本本地说。若是一个历史学者,他便要探求那石与过去史实有无的关系。若是一个事业家,他只想着要怎样利用石而已。三途之中,以多闻为本。我邦先贤教人以"博闻强记",及教人"不学而好思,虽知不广"的话,真可谓能得力学的正谊。但在现在的世界,能专一途的很少。因为生活上等等的压迫,及种种知识上的需要,使人难为纯粹的思想家或事业家。假使苏格拉底生于今日的希拉,他难免也要写几篇关于近东问题的论文投到报馆里去卖几个钱。他也得懂得一点汽车、无线电的使用方法,也许他会把钱财存在银行里。这并不是因为"人心不古",乃是因为人事不古。近代人需要等等知识为生活的资助,大势所趋,必不能在短期间产生纯粹的或深邃的专家。故为学要先多能,然后专政,庶几可以自存,可以有所贡献。吾人生于今日,对于学问。专既难能,博又不易,所以应于上列三途中至少要兼二程。

兼多闻与深思者为文学家,兼多闻与能干的为科学家:就是说一个人具有学者与思想家的才能,便是文学家;具有学者与专业家的功能的,便是科学家。文学家与科学家同要具学者的资格所不同者,一是偏于理解,一是偏于作用,一是修文,一是格物(自然我所用科学家与文学家底名字是广义的)。进一步说,舍多闻既不能有深思,亦不能生能干,所以多闻是为学根本。多闻多见为学者应有的事情,如人能够做到,才算得过着书虫的生活。当彷徨于学问的歧途时,若不能早自决断该向哪一条路走去,他的学业必致如荒漠的砂粒,既不能长育生灵,又不堪制作器用。即使他能下笔千言,必无一字可取。纵使他能临事多谋，必无一策能成。我邦学者，每不擅于过书虫生活，在歧途上既不能慎自抉择，复不虚心求教；过得去时，便充名士；过不去时，就变劣绅，所以我觉得留学而学普通知识，是一个民族最羞耻的事情。

我每觉得我们中间真正的书虫太少了。这是因为我们当学生的多半穷乏，急于谋生，不能具足上说五种求学条件所致。从前生活简单，旧式书院未变学堂的时代，还可以希望从领膏火费的生员中造成一二。至于今日的官费生或公费生，多半是虚掷时间和金钱的。这样的光景在留学界中更为显然。

许地山作品

牛津的书虫很多，各人都能利用他的机会去钻研，对于有学无财的人，各学院尽予津贴，未卒业者为"津贴生"，已卒业者为"特待校友"，特待校友中有一辈以读书为职业的。要有这样的待遇，然后可产出高等学者。在今日的中国要靠著作度日是绝对不可能的。因社会程度过低，还养不起著作家。所以著作家的生活与地位在他国是了不得，在我国是不得了！著作家还养不起，何况能养在大学里以读书为生的书

虫？这也许就是中国的"知识阶级"不打而自倒的原因。

这是他对牛津的回忆和对中国教育的深刻剖析。

许地山 1926 年归国，他对美国没有留下好印象，对英国似乎也没有什么好话，有几件小史料或许可以佐证。

一是老舍的回忆。许地山早年在燕京大学就读时，已是基督教徒，寄居于教会组织"社会实进会"。老舍当时是教会的年轻教友。老相识他乡重逢，是许地山鼓励老舍在伦敦开始写作生涯。这两位基督教徒，对西方的印象都并不佳，但是老舍只是微有牢骚，许地山的反应之激烈，连老舍都不以为然："他有时过火地厌恶外国人。因为要批判英国人有礼貌，守秩序和什么喝汤不准出声响，都看成愚蠢可笑的事"。

燕京大学

二是许地山自己的写作。许博学多才，在现代中国文化史上几乎无

神灵者的殿堂——牛津大学

第二人,但是他的写作,几乎从来不涉及他的留学生涯。只有一篇短篇讽刺小说《三博士》,嘲笑美国冒牌学位,这些人的论文题目是"麻雀牌与中国文化","油炸脍与烧饼的成分"。

许地山不喜欢英国,一点不奇怪。现代中国文人留学异乡,因为感受到种族歧视,转而恨此国家的人非常多,到今天依然有许多这样的人。日本对"支那人"的轻蔑,几乎造就了一代中国民族主义者。留欧美而产生憎恨情绪的也不少。

闻一多留学美国后变成爱国者;自沉于长江的诗人朱湘,简直恨美国入骨。许地山离开英国后,转到印度学习,就觉得自在,交了不少朋友。但是许地山不同,他是一个善于自我调节的人,他感情上并不喜欢英美,主要也是种族情绪。但是他能

许地山故居一角

华人印象

走进科学的殿堂

看到别国的长处，识别优点，入境随俗，努力调节自己，充分利用留学的岁月。也就是说，不让感情的波动，影响留学的机会。而且，他似乎知道自己不喜欢英国人，不是出于理智，因此他对英国的坏话绝对没有留在文字中。不是老舍的"揭露"，我们会以为许地山如何喜欢英国。1926年许地山返国前后，曾有写一本《东归闲话》的计划，结果只写出一节留在香港朋友处，1950年，许地山去世10年后才刊出。题目是《牛津的书虫》，全篇谈的是读书之道，读书之乐，文章最后才提到牛津，说是牛津给优秀学生津贴，做"特待校友"，一辈子可以以读书为职业。而许地山的愿望是"在牛津做一辈子的书虫"。

许地山有一首诗，《牛津大学公园早行》。其大意：晓钟响时，独行于小道，看见树下有一方帽黑袍女郎，一边看书一边看镜子。走近一看，是"秋意，秋声，秋光景"。许地山在牛津看上哪位女郎？方帽黑袍的当然是"学问"。不管

许地山作品集

许地山对英国感情上有何疙瘩，为了读书做学问，英伦之秋，在他眼里就可以是一个美人。

许地山留学的收获是丰硕的。他拥有了美国哥伦比亚大学和英国牛津大学的双重学位，是一个学兼东西的人。但是，许地山先生却有自己的一套原则，人们都知道，他对出国留学的事情很少提及。

华人印象